生まれた時からアルデンテ

平野紗季子

文春文庫

私の食卓には生活がない。
生活なんていらない。
食は日常に取り込まれた瞬間、
平然と熱気を失ってしまうから。
スロウな生活の湿度は、
食の鋭い輝きを殺してしまうんだ。

私にとっての「食」は尋常ではない。小さい頃から外食行事（よそいきの服、お姫様扱いのサービス、生ハム）が盛んな家に育ったせいで、少女の私は食べることとそれ自体に夢をみた。そして保健体育のいう「胃袋を満たして体を強くする」という食の定義をすんなり無視。それ以来、明日出会う新たな食との予感に胸を躍らせながら眠りにつく日々を送っている。すべての幸福は食から始まると信じ、常に食の偉人の本と共にある。粗食の日には「またしょうもないものを食ってしまった」と涙する。知らない街を歩いて、先々出会ったものを食べ続けようとする。ようは食中毒である。

食べもの好きを公言していると「好きな食べ物はなんだ？」と聞かれることがある。適当にパスタとかジャガイモとか答えているけど、本当に魅力的な食べものを語ろうとすると、収拾がつかなくなる。

それはたとえば、わかりにくい味。白湯《さゆ》のようなコンソメスープ。世間話を繰り広げながらすする限りは味の薄いスープの姿しか見せようとしなくても、ひとり向き合ってじっくり味わってみると初めて気づく。そこに、柔らかな旨味があること。探るように感じた先に美味しさがあること。

少しずつ静かになっていく過程で、見えてくる新しい世界。

きっと食べものは想像もつかぬようないびつな多角形をしていて、それぞれの先端が私を突き刺すたびに、食は日常を超えていく。一体どれだけ私は食のきらめきに迫れるか。食べることに満ちた可能性にどれだけ出会えるか。繊細であれ、と食は私に教えてくれる。

ただのグルメな人で終わるのか。その先に行けるのか。小さなおばあちゃんになった私が、食になにを見いだしているかわからないけれど、今は、ただ、もっと味わって生きるんだ。

目次

お店の種類に○をつけよう

<料理>　和 ・ 洋 ・ 中 ・ (伊) ・ 亜 ・ 他
<お茶>　喫茶店 ・ ケーキ ・ 他（　　　）

店名	HiRoⅡ
電話番号	
定休日	
営業時間	：　〜　： （ラスト オーダー　：　）
住所	

地図・メモ　かんそう①

今日もまたHiRoⅡに行った。さすがHiRoⅡ!! やっぱりおいしい。しかしこの頃少しだっせんしているような気がする。まず最初におどろいたのは、魚がスプーンにのってでてきたものだった。それ自体におどろいたわけではなく、その横にちょこんと乗っていた「みそしる」におどろいた。「おいおい、ここイタリアンじゃないの?」と思ってしまう程だった。味は… NEXT →

<食事した日>　.

<一緒に食事した人>
家族

<料理内容>
イタリアン

かかった金額（一人当たり）￥

<あなたの五つ星判定>

・料理の味	★★★★☆
・料理の演出	★★★★★
・値段の設定	★★☆☆☆
・内装	★★★★★
・お店の雰囲気	★★★★★
・	☆☆☆☆☆
・	☆☆☆☆☆
・総合満足度	★★★★☆

メモ　感想②

「ただの味そ汁」…。分かる人にはわかるのだろうが私にはわからない。そして極めつけはデザート!! ママが頼んだデザートだったのだが、黄緑のアイスの様なものがのっていた。ウェイターがいうにはそのアイス(?)は「失敗したアイスのようなもの。オリーブオイルの味」だそう。ママはおいしそうに食べていたがあたしは食べたしゅん間に絶った。感想としては得体の知れないオリーブオイルのかたまりを食べた感じだ。もう食べる事はないだろう。

● 食べ歩きダイアリー

お店の種類に○をつけよう

＜料理＞ 和（○で囲み）・（?）洋・中・伊・亜・他
＜お茶＞ 喫茶店・ケーキ・他（　　　）

店名	和民（わたみ）
電話番号	03-5773-3381
定休日	
営業時間	PM5:00 〜AM3:00（ラストオーダー　：　）
住所	〒153-0051 東京都目黒区上目黒3-8-5 中目黒 サンライズビル2F

地図・メモ

－オススメの料理－
有機野菜のみ

＜食事した日＞2002 9・?

＜一緒に食事した人＞
ママ・やっくん

＜料理内容＞
冷とう食品ばかりだと思う。（爆死）

居食屋 和民 わたみ

かかった金額（一人当たり）¥ ?

＜あなたの五つ星判定＞

料理の味	★☆☆☆☆
料理の演出	★☆☆☆☆
値段の設定	★★★★☆
内装	★☆☆☆☆
お店の雰囲気	★☆☆☆☆
	☆☆☆☆☆
	☆☆☆☆☆
総合満足度	★☆☆☆☆

メモ

今日初めて居酒屋へ行った。私は前から居酒屋に行ってみたいと思っていたが、もう行く事はないと確信した。やはりふん囲気がダメ→!!店がどんなにきれいだろうと来ているお客さんの雰囲気で印象は決まってしまうと思う。その結果和民はメ。食べ物もたいしておいしいものはなくまた行きたくはない・・・。

④

お店の種類に○をつけよう

＜料理＞ 和食・洋・中・創作・亜・他

＜お茶＞ 喫茶店・ケーキ・他（ ）

店名	NOBU (≧∪≦) ←関係なし
電話番号	03-5467-0022
定休日	
営業時間	Dinner 18：00 ～ 23：30 (：)
住所	東京 港区 港青山 6-10-17

地図・メモ

NOBUはメーッチャ華やいでるお店だったよ♫ バラの壁紙とかスゴイから！（笑）このお店は、あの「やまとなでしこ」にも出てきたお店だよ♡
まあ、それはおいといて、味のことだけど、結論としては中の上って感じかな？？
なんともいえない感じ…（死）
塩分ひかえめの料理もあるし、寿司もあるし…と和洋を

＜食事した日＞

＜一緒に食事した人＞

パパ、ママ

やっくん

＜料理内容＞

和洋せっちゅう

かかった金額（一人当たり）￥

＜あなたの五つ星判定＞

・料理の味	★★★★☆ (3.5)
・料理の演出	★★★☆☆
・値段の設定	★★☆☆☆
・内装	★★★★★
・お店の雰囲気（寒かった）	★★☆☆☆
・	☆☆☆☆☆
・	☆☆☆☆☆
・総合満足度	★★★☆☆

メモ

混ぜ合わせた料理が楽しめるけど、なんか微妙ようる やっぱり和は和で、洋は洋で食べるのが一番かもねーㇽ

ちなみに アメリカから逆ゆ入のレストランなのよ。

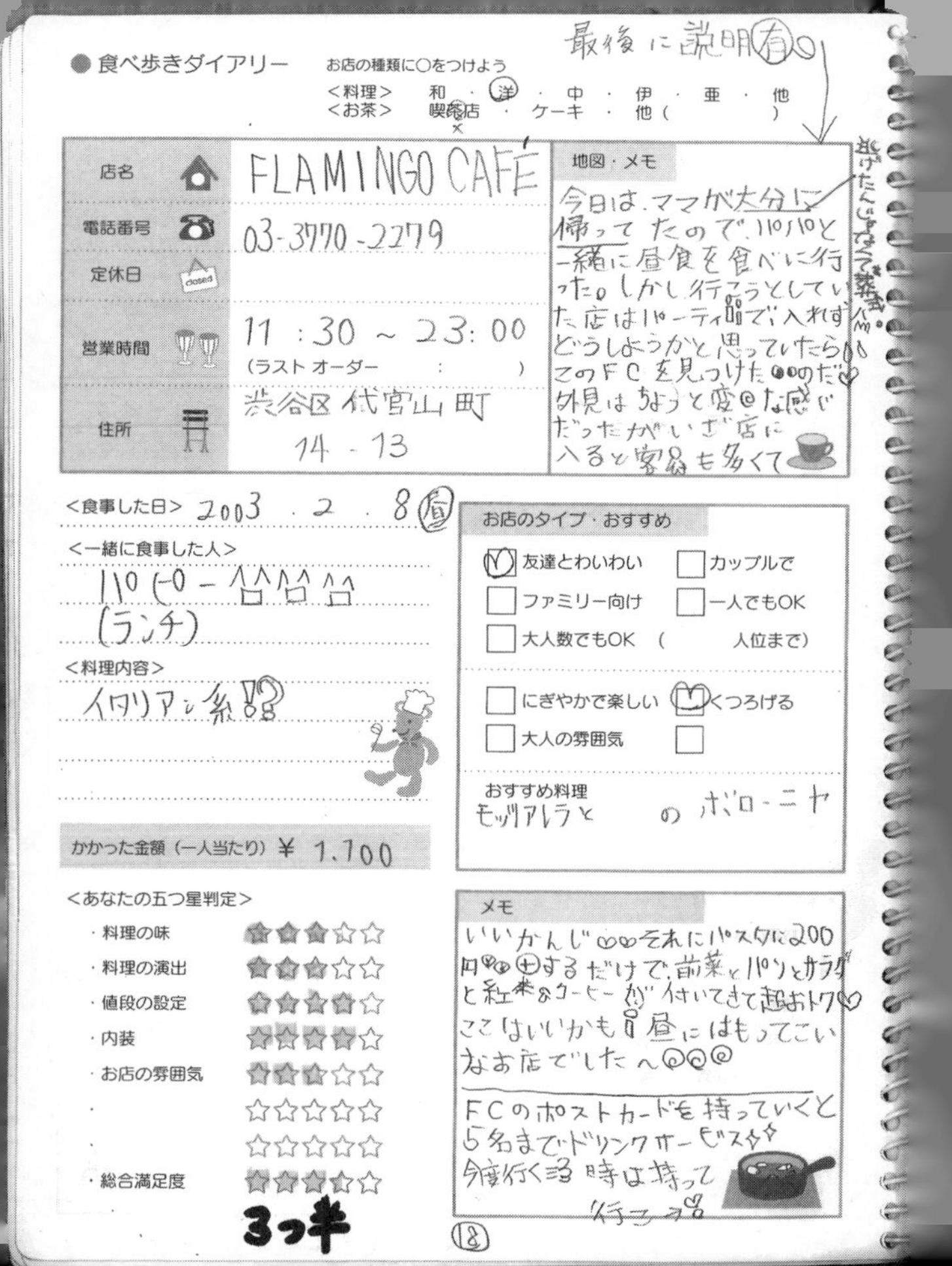

● 食べ歩きダイアリー　お店の種類に○をつけよう

最後に説明有

＜料理＞　和・洋・中・伊・亜・他

＜お茶＞　喫茶店・ケーキ・他（　　　）

店名	FLAMINGO CAFÉ
電話番号	03-3770-2279
定休日	
営業時間	11：30 ～ 23：00（ラストオーダー　：　）
住所	渋谷区代官山町 14-13

地図・メモ

今日は、ママが大分に帰ってたので、パパと一緒に昼食を食べに行った。しかし行こうとしていた店はパーティ中で、入れず、どうしようかと思っていたら、このFCを見つけたのだ。外見はちょっと変な感じだったが、いざ店に入ると客も多くて

挙げたんじゃなくて挙式

＜食事した日＞ 2003．2．8（土）

＜一緒に食事した人＞

パパ・ピー

（ランチ）

＜料理内容＞

イタリアン系

お店のタイプ・おすすめ

- ☑ 友達とわいわい　□ カップルで
- □ ファミリー向け　□ 一人でもOK
- □ 大人数でもOK（　人位まで）
- □ にぎやかで楽しい　☑ くつろげる
- □ 大人の雰囲気　□

おすすめ料理

モッツアレラとのボローニャ

かかった金額（一人当たり）¥ 1,700

＜あなたの五つ星判定＞

・料理の味	★★★☆☆
・料理の演出	★★★☆☆
・値段の設定	★★★★☆
・内装	★★★★☆
・お店の雰囲気	★★★☆☆
・	☆☆☆☆☆
・	☆☆☆☆☆
・総合満足度	★★★★☆

3つ半

メモ

いいかんじ　それにパスタに200円＋するだけで、前菜とパンとサラダと紅茶かコーヒーが付いてきて超おトク　ここはいいかも　昼にはもってこいなお店でした～

FCのポストカードを持っていくと5名までドリンクサービス　今度行く時は持って行こう

⑱

小学生の食生活（小学生時代の日記より一部抜粋）

お店の種類に○をつけよう

<料理> 和・洋・中・伊・亜・他

<お茶> 喫茶店・ケーキ・他（　　）

● 食べ歩きダイアリー

店名	天松 てんぷら
電話番号	03-3462-2815♡
定休日	秘密 ♡♡♡ヽ(´∀`)
営業時間	：　〜　：（ラストオーダー　：　）
住所	東京都渋谷区道玄坂 1-6-1

<食事した日> 2003 . 2 . 8 (夜)

<一緒に食事した人>

パピロ→。

やっくんクリストファー☆☆

<料理内容>

てんぷら

かかった金額（一人当たり）￥

<あなたの五つ星判定>

・料理の味 ★★★★★

・料理の演出 ★★★★☆

・値段の設定 ★★★☆☆

・内装 ★★★☆☆

・お店の雰囲気 ★★★☆☆

・ ☆☆☆☆☆

・ ☆☆☆☆☆

・総合満足度 ★★★★★

お店の…

友…

フ…

大…

にぎやかで楽しい　くつろげる

大人の雰囲気

おすすめ料理

いものテンプラ＆稲庭うどん

てんぷら 天松

メモ

てんぷらを食べに行った。やっぱり天松。おいしいったらありゃしない!! 特にいも♡♡ おいしいしあまいし、ホクホクだし…。超gッ!! 他にもお魚gもおいしいし、野菜もおいしい… ある!! スゴイものにチャレンジしたよ!! ゴーヤ。マジで苦かった。おいしくなかったべ…。でも!! 全体的にはすごく満足でした。

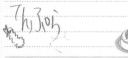

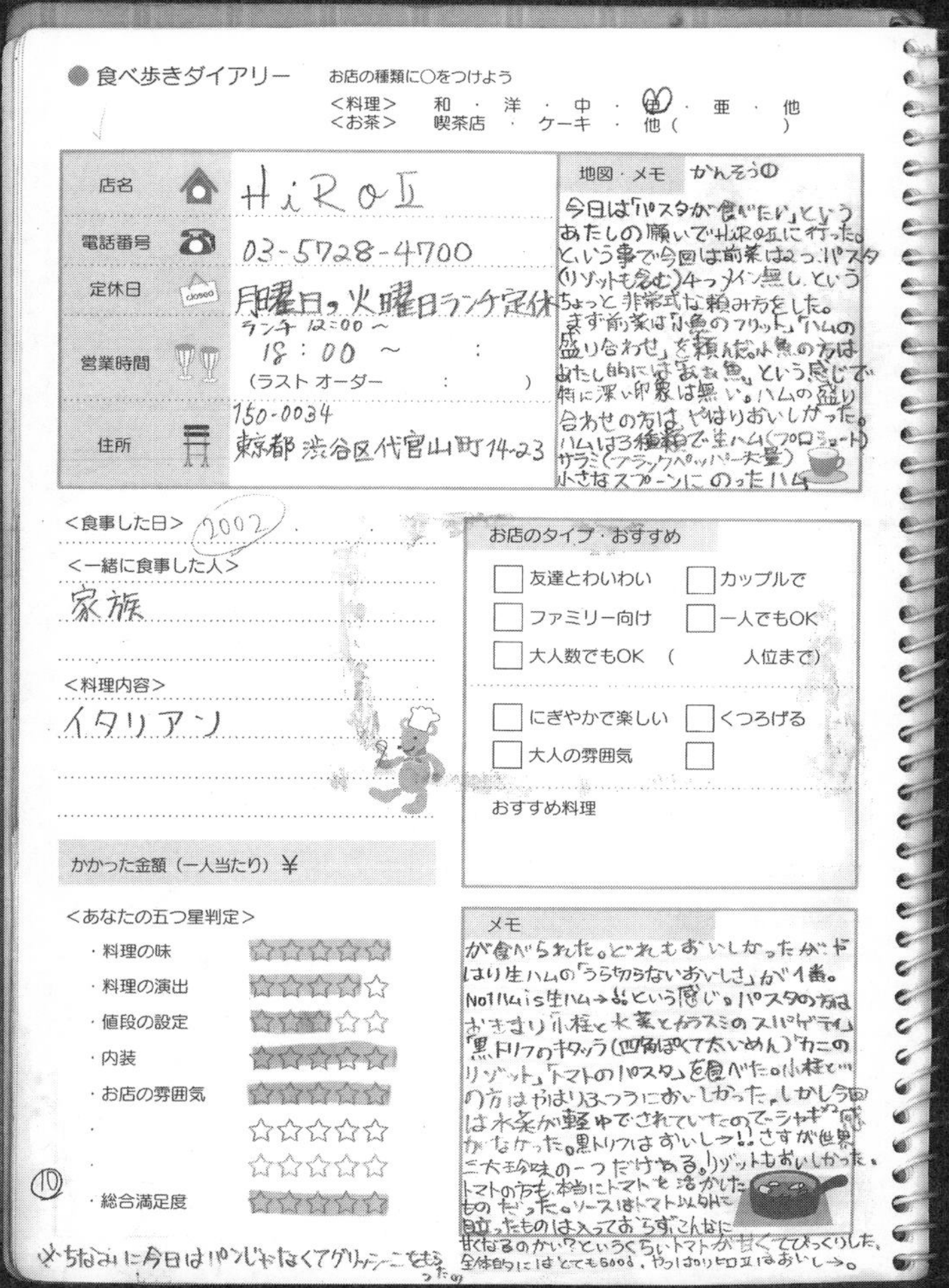
● 食べ歩きダイアリー　お店の種類に○をつけよう

＜料理＞　和・洋・中・伊・亜・他
＜お茶＞　喫茶店・ケーキ・他（　　）

店名	HiRo II
電話番号	03-5728-4700
定休日	月曜日，火曜日ランチ定休
営業時間	ランチ 12:00〜 18:00〜　: （ラストオーダー　:　）
住所	150-0034 東京都渋谷区代官山町14-23

地図・メモ　かんそう①

今日は「パスタが食べたい」というあたしの願いでHiRoIIに行った。という事で今回は前菜は2つ、パスタ（リゾットも含む）4つ、メイン無し、というちょっと非常式な頼み方をした。

まず前菜は「小魚のフリット」「ハムの盛り合わせ」を頼んだ。小魚の方はあたし的には「まあまあ魚」という感じで特に深い印象は無い。ハムの盛り合わせの方は、やはりおいしかった。ハムは3種類で生ハム（プロシュート）サラミ（ブラックペッパー大量）小さなスプーンにのったハム

＜食事した日＞ 2002

＜一緒に食事した人＞
家族

＜料理内容＞
イタリアン

かかった金額（一人当たり）￥

＜あなたの五つ星判定＞
・料理の味 ☆☆☆☆☆
・料理の演出 ☆☆☆☆☆
・値段の設定 ☆☆☆☆☆
・内装 ☆☆☆☆☆
・お店の雰囲気 ☆☆☆☆☆
・ ☆☆☆☆☆
・ ☆☆☆☆☆
・総合満足度 ☆☆☆☆☆

⑩

お店のタイプ・おすすめ
□友達とわいわい　□カップルで
□ファミリー向け　□一人でもOK
□大人数でもOK（　人位まで）
□にぎやかで楽しい　□くつろげる
□大人の雰囲気　□
おすすめ料理

メモ

が食べられた。どれもおいしかったがやはり生ハムの「うら切らないおいしさ」が1番。No1ハム is 生ハム→!!という感じ。パスタの方はおきまり「小柱と水菜とカラスミのスパゲティ」「黒トリフのキタッラ（四角ぽくて太いめん）」「カニのリゾット」「トマトのパスタ」を食べた。小柱との方はやはりふつうにおいしかった。しかし今回は水菜が軽ゆでされていたのでシャキっ感がなかった。黒トリフはおいしー!!さすが世界三大珍味の一つだけある。リゾットもおいしかった。トマトの方も本当にトマトを活かしたものだった。ソースはトマト以外に目立ったものは入っておらずこんなに甘くなるのかい？というくらいトマトが甘くてびっくりした。全体的にはとてもgood。やっぱりHiRoIIはおいしー。

※ちなみに今日はパンじゃなくてグリッシーニをもらったの

小学生の食生活（小学生時代の日記より一部抜粋）

お店の種類に○をつけよう

＜料理＞　和・(洋)・中・(伊)・亜・他
＜お茶＞　喫茶店・ケーキ・他（　　　）

店名	ITALIAN TOMATO
電話番号	03-3404-2891
定休日	
営業時間	：　～　： （ラスト オーダー　：　）
アドレス ~~住所~~	http://www.italiantomato.co.jp

地図・メモ

ITALIAN TOMATO Café Jr.

＜食事した日＞　.　.

＜一緒に食事した人＞
マミちゃん。

＜料理内容＞
~~伊料理~~
パスタ

かかった金額（一人当たり）￥

＜あなたの五つ星判定＞

・料理の味	☆☆☆☆☆
・料理の演出	☆☆☆☆☆
・値段の設定	☆☆☆☆☆☆☆☆ ↑ 安い安い
・内装	☆☆☆☆☆
・お店の雰囲気	☆☆☆☆☆
・	☆☆☆☆☆
・	☆☆☆☆☆
・総合満足度	☆☆☆☆☆

お店のタイプ・おすすめ

- [x] 友達とわいわい
- [ ] カップルで
- [ ] ファミリー向け
- [ ] 一人でもOK
- [x] 大人数でもOK（　　人位まで）
- [x] にぎやかで楽しい
- [ ] くつろげる
- [ ] 大人の雰囲気
- [ ]

おすすめ料理

メモ
このお店は本当に安い!!
おいしいし、安いから最高だよね♡
お店の横がヘルスなのが気に
なるけど（笑）おいしいから許す。
でも、1・2階がきつえん席なのがイヤー!!
けむったくて困っちゃうねー…。
※安いから量は少ないよ!

食べ歩きダイアリー

お店の種類に○をつけよう

＜料理＞ (和)・洋・中・伊・亜・他

＜お茶＞ 喫茶店・ケーキ・他（　　　）

店名	梅の花
電話番号	03-3475-6077
定休日	
営業時間	夜 7:00~22:00 昼 11:00 ~ 16:00 （ラストオーダー 15:00 ）
住所	青山 ベルコモンズ 6F

地図・メモ

＜食事した日＞

＜一緒に食事した人＞

ママ ♡♡♡

＜料理内容＞

豆腐

湯葉

四季の旬の彩を
大切な方々と
やすらぎの
ひとときを……
ご予約お待ちして
おります。

梅の花

かかった金額（一人当たり）￥

＜あなたの五つ星判定＞

・料理の味	★★★★★
・料理の演出	★★★☆☆
・値段の設定	★★★☆☆
・内装	★★★☆☆
・お店の雰囲気	★★☆☆☆
・	☆☆☆☆☆
・	☆☆☆☆☆
・総合満足度	★★★★★

メモ

久しぶりに学校が平日休みだったので梅の花に行った。やっぱりおいしかった。特においしかったのは領園豆腐、生ふの田楽。二つともゆず、木の芽みそがかかっているのだがそれもまたおいしい。領園の方は豆腐に生クリームを混ぜたものらしい。聞くとまずそうだが実はおいしい★私は本当に大好きだ♡田楽はふであげて味そをつけたもの。これもまたおいしい。毎日食べたい程。梅の花はこれからも行く!!

発見

完璧ちゃん

ASTERISQUE（アステリスク）

パフェ。
それは往々にして、１８００円という高額とひきかえに、
細長グラスにこれでもかと甘味を埋め込んで、
どすっと鈍い音をたててテーブルに鎮座する、
なかなかふてぶてしいデザートだ。

ラスト底に溜まった液体を見てみぬふりしたことがある↓ＹＥＳ
ホイップクリームをあらかじめ避けたことがある↓ＹＥＳ
体が冷えておかしくなったことがある↓ＹＥＳ

ようするに、多すぎる。

どう考えてもパフェというデザートは、
ひ弱なジャパニーズガールの胃袋サイズを鑑《かんが》みるに、
パーフェクトとは言えないのだが（たとえ食生活の欧米化がすすんだといっても！）、

なにをもってパフェはパーフェクトなのだろう。
(パフェの語源はパーフェクトなのです)

あ…
もしかして、
二人であーんして食べるものなのか。
(それならなんもいえない)

はあ。
パフェのこととなると、
手放しで肯定したい気持ちとそれができないもどかしさが折り重なって、
心が押しつぶされそうだ。

しかしそんなある日、
パフェの名に恥じぬ、
パフェの名に相応《ふさわ》しき、
パフェであるという権利の上に居眠りしない、完璧パフェが現れた!

完璧！　ああ！　This is パフェ！

代々木上原アステリスクのパフェドゥアステリスク（600円）。

肝となるアイスクリームは自家製（バルサミコ香る苺アイスは、甘みと酸味が重なって味の深さが尋常じゃない）。突き刺さった焦げ茶のパイ生地には色っぽい香ばしさがある。構成要素がいちいち素晴らしい。それが口腔で一丸となって爆発する。アイスが、パイが、クリームが、ただでさえ豊かな個性のきらめきが、潰しあうどころか手を取り合って大爆発、おいしさの頂点を突き抜ける。ケーキ屋さんのパフェはほんとにすごいね。アイドルグループのマネジメントに携わる人はここのパフェを一度は食べるべきと思う。

そしてなにより小さい。

無駄にゴージャスしない身の丈サイズ、過不足なしの満足感。だから最後までおいしい。これこそパフェの鑑である。

感動いたしました。本当にありがとうございました。

ちなみにこのソレイユというケーキ！　ドラミちゃんにしか見えない！　↓↓↓↓

（追記）アステリスクの喫茶スペースは2020年に終了。

発見

戦争を始めるフルーツサンド

ホットケーキパーラー Fru-Full（フルフル）

①

銀座のあの推して知るべしフルーツ屋のフルーツサンドは、まず青い花柄の箱にときめき、バラ柄のお手拭きにときめき、ピカピカの銀紙にときめき、それを開くと、やっと真っ白で正方形のフルーツサンドと目が合いときめき大団円の仕組みになっている。小人のための羽毛布団。強くつまめば溢れてしまうフルーツには遠慮のかけらもなくて、りんごがシャリシャリと鳴るのは、それだけのことなのにとても嬉しい。

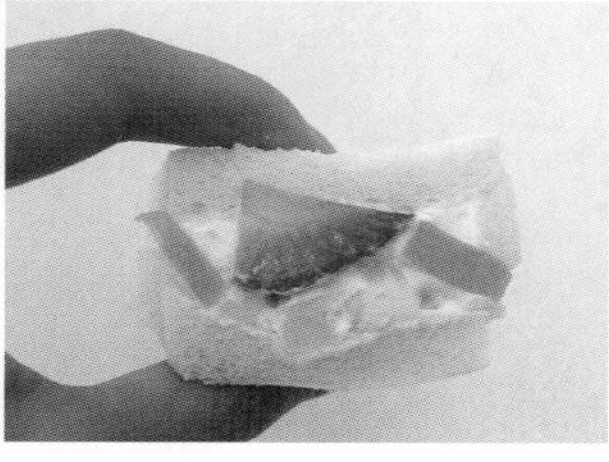

②
銀座凮月堂《ふうげつどう》のフルーツサンドは、いびつで食べづらくて健気なボーイの包丁さばきが目に浮かぶようだけど、敷かれたレースとピンクのチェリーがあまりにかわいいのですべてが微笑ましく思えるささいな魔法がある（銀座でカレーを嗜《たしな》んだ昼下がりの口直しに向いていると思う。しんと静かで、光はさんさん。椅子の座り心地もいい）。

③
CENTRE THE BAKERY（セントル ザ ベーカリー）のフルーツサンドは、ともかく食パンが乳児の二の腕みたいな柔らかさと甘やかな香りを抱いていたのに驚いた。クリームは2層式だった（なぜだか層が多ければ多いほど人は感動してしまうみたいだ、「パイの実」は64層）。

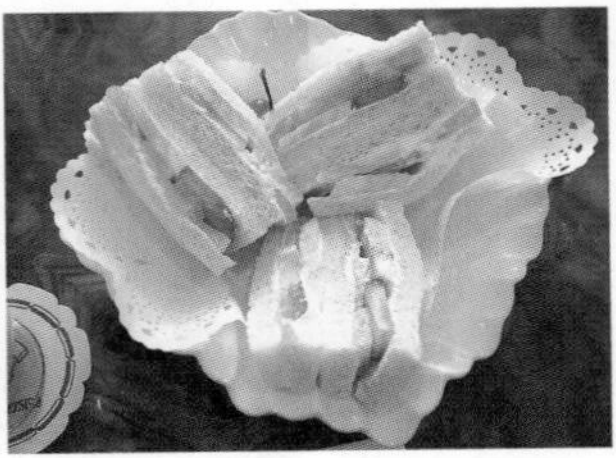

どうやらフルーツサンドについては、記憶が確かなのは見た目のことばかりで、肝心の味のことを思い出そうとしてもほわほわするばかりだ。脳にすっかり焼き付かない味はそのまま彼らのたおやかさを表しているのかもしれない。信仰心は弱い。だから、どこのフルーツパーラーでも、喫茶店でも、それぞれにおいしいと思える。パンが乾燥しているのだけは許せないが、フルーツサンドを出そうなんて考える店のだいたいはそういうことが自然にできている。フルーツサンドは喧嘩をしない。フルーツサンドには平和がある。

ところが、

赤坂のホットケーキパーラー「Fru-Full」のフルーツサンドがその共和的な世界を見事にぶち壊した。

鋭角に揃った一直線の断面は狂気。
熟したフルーツのサイズ感は完璧で、
ひんやりとなめらかな生クリームが包む。
純白の食パンはふわふわと口溶けて
泡のように消えていく。

圧倒的。
圧倒的な存在の出現で崩れる甘い秩序。
フルーツサンドが戦争を始める。

発見

なぜオニオングラタンスープのこととなるとシェフは調子にのるのか？

Q. なぜですか？（平野）

A. チーズをたっぷりいれて焼き上げるとぐつぐつとした勢いでチーズが溢れる、これは風情です。（店員）

発見

beyond the おいしい

noma（ノマ）

【まずくても楽しいとはなんですか⁉
おいしさを突き破った先の、最高に自由で面白い食べられるモノ!!!】

nomaで食事をしたら私は狂ってしまって、その夜こんな興奮の過ぎたメモ書きをベッドサイドに残して眠った。nomaは英レストラン誌の選ぶ「The World's 50 Best Restaurants」で3年連続1位の称号を得た、いわゆる世界一のレストラン。コペンハーゲンにあり、国際派のおいしいもの好きが一度は訪れたいと願う聖地だ。

「エルブリ*で修業したおかげで、僕のキュリナリーマインドは自由になった」と謳《うた》う北欧出身のシェフ、レネ・レゼピによる独創的な料理手法と、輸入ものの豪華食材（いわゆるガストロノミーがもてはやすフォアグラやキャビア）を使わずに北欧の大地が生んだ素材を活かす、という美しい哲学が今最も影響力のあるレストランとして美食界から賞賛されている。

そんな柴田書店受け売りのありていの言葉は一口目の実感の前に粉々に散った。生のじゃがいもに変なネギが刺さった不完全なゆるキャラみたいなそれは、右手に持ってネギを吸えば中身が食べられるとのことで、そのようにしてみたら胃袋に中身が届く前に脳が痺れた。「こんなん20年生きてきて初めて食べたわ」。過去と比べようもない既視感ゼロの純粋体験。私の人生におけるまったくの例外がそこにあった。

料理は20皿。半分は手で食べる。花瓶から生えた野菜を食べる。バッタのピュレと酸《すい》葉《ば》とハーブのアイスを食べる。セロリと海藻のジュースを飲む。私は野生児。樹液や木の粉、何でも食べる。なんでだろう、焼きネギの中から小ネギが出てきた。正直、まずい料理もある（もし東急東横店でnomaが総菜屋を始めたら潰れるだろう）。でも東洋のいち小娘の味覚にそぐわないからってなんだ。堂々たる彼の料理は、違和感を反感に成長させる隙を見せず、私の中の未開、新たな感性ボタンを肯定的に押し続けるのだった。そこで過去の私は死ぬ。新しい私は、苔《こけ》だろうがバッタだろうが、すべてにショックを受け、壮大な哲学を感じ、なんとか味わい尽くそうと必死になっていた（隣の席のおばあさんは、終始訝《いぶか》しげな顔で食事し、娘夫婦に「まだ終わらんか」と訴えていたが、本当はこの人が正常で狂喜乱舞する私たちが異常なのかもと思った）。

料理は殺気に満ちていた。あの日の昼食は、おいしいもおいしくないも超えた食のグレートジャーニーで、私はいつまでもこのたったの一食を忘れないと思うし、同じ興奮は二度と味わえないだろうと思う。驚きは儚《はかな》い。

その旅以降、日常生活でどうしてもまずいものに出会ってしまったときは、「もしこの皿がnomaで出てきたら私は感動するのでは」という妄想（通称noma効果）をすることで、その場をアメイジングな食体験に変換することに成功している。

＊エルブリ（elBulli）
スペインのカラモンジョイという入り江のそばの辺鄙な場所にあった、元世界一のレストラン。自らの料理を前衛料理と称し、科学的なアプローチを通して、従来のガストロノミーを覆す、クレイジーな料理を提供し続けた。

発見

滑稽ディナー

某船上ディナー

給仕のホワイトタキシード、
背中に穴が開いていた

発見

箱入り娘

Woodsman Market（ウッズマン マーケット）

店でもかわいがられてのびのび過ごす箱入りの食べもの。

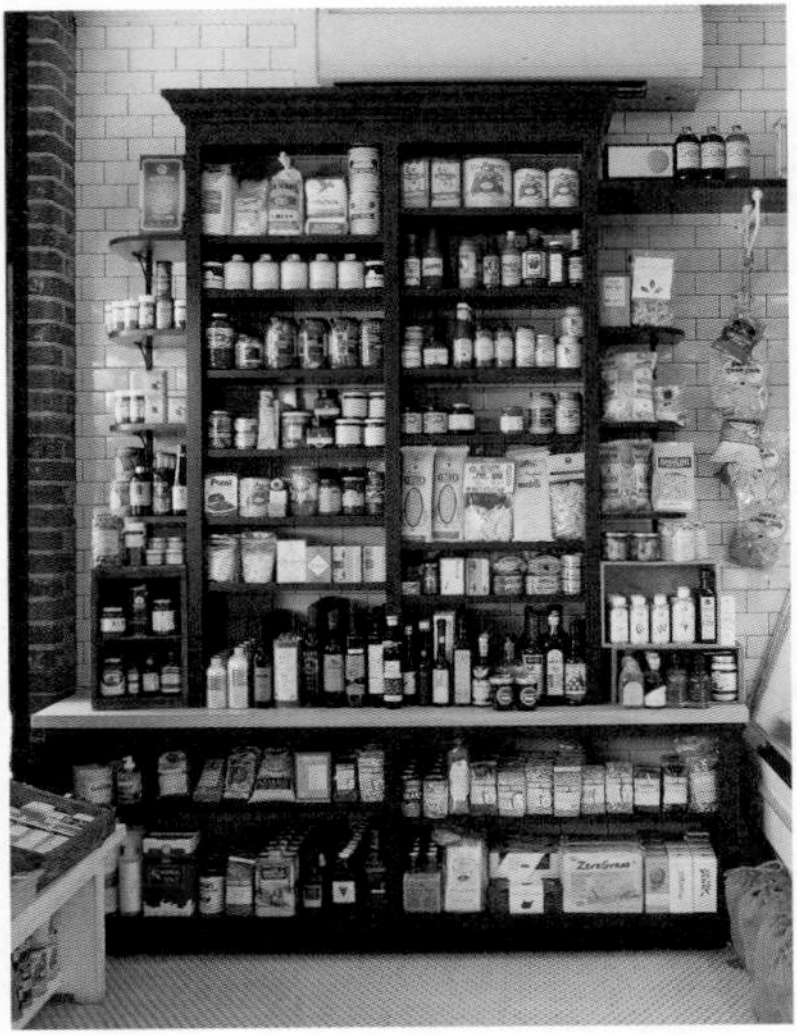

最初にかわいがられて生まれた食べものは、最後までかわいがられて食べられるし、最初からかわいがられずに生まれた食べものは最後までそんなにかわいがられない。

（追記）2022年現在、閉店。

発見

ごちそうさま誰に言えばいいのか問題

湘南台駅ホームの
某駅そば

学校帰りの駅そばは腹は満ちても虚しいホームの景色。それはのびてる麺とか甘すぎるつゆのせいじゃない。味なんて時と場合でおいしく思えたりするものだ。この空虚さ。このよるべなさ。私は誰にごちそうさまを言えばよかったんだろう。

アルバイトの人の「ありがとうございます」は当然の機械仕掛けだから、心を込めても張り合いがない。じゃあ素材そのもの？　生産者？　そんなのどこの誰だかわからないし、なんなら国籍すら不明で想像の手がかりがない。じゃあ、会社？　え、社長？　うん、天野さん？　…一体どちら様ですか。

宙に浮いたごちそうさまは行き場を失って成就できない。投げたら返してほしいのに。返らないなら私も投げない。でもそんな卑屈はもっと虚しい。みんなの性格はどんどん悪くなる。そうだ、私はコンビニのレジの人に対する自分の態度も嫌いだった。

ごちそうさまがちゃんと言えて、ちゃんと受け取ってもらえる食事はなんてありがたいんだろうか。

発見

文化経済資本の見せびらかし

「小さい頃からそんないいもん食ってんの…？　絶対ろくな大人にならない」そうある大人に言われたことを私は激しく根に持っている。「いいもんを食う子供 is 悪い大人になる」の論理はいかに成立するのだろうか。そもそも、いいもんってなんだ。ろくな大人ってなんだ。いいもん＝美食か？　美食は悪？　悪に染まった子供は悪魔になるの？　いいもんしか食べないで育った皇太子様のあの仏のような笑顔を見ろやぁ！　だいたい、何を食べてきたかでその人の人間性を暴こうなんて、お前は卑屈なブリヤ＝サヴァランかよ…！（とまあ散々言いたいことはあったのに、その時は薄ら笑いを浮かべてしゅんとするばかりだった）

ブリヤ＝サヴァランの大著『美味礼讃』の中に「君がなにを食べているか言ってみたまえ、どんな人間であるのか当ててみせよう」という、あらゆる食の名文に登場しては使い古されてきた有名な一節がある。つまり食の嗜好は、人の価値観や社会的立場をはかるための物差しになりうる、と。

本当にそうかなあと思って学校の友達に「好きな食べものはなにか」としつこく聞き回ったことがあったけど、原宿と古着が大好きなファンシーガールはトマトとグミ、クールなダンサーの女の子は梅干し、ハーフのエリックはピザと言った（出来すぎた回答だ）。

実際に社会学者ピエール・ブルデュー[*1]が、その著書『ディスタンクシオン――社会的判断力批判』の中で、社会階級によって食習慣と好みにはっきりとした違いがあることを、フランス人1万人アンケートを実施して実証しようとしている。にわか成金は脂の多い肉やフォアグラ。高給取りの知的職業者階級は、洗練あっさりの繊細な食べもの。それほど裕福ではないが高度な教育を受けた人々は、どちらかといえば禁欲に傾き、高価ではないが、独創的で外国風の料理や伝統的な田舎料理を好むのだという。文化系女子は飲み会にいつもエスニックな店をチョイスして周りを困らせる、という〝あるある〟は正しいのかもしれない。

参考

「何を好み、どう食べるか」。その問いに答えることはそのまま自分の経済資本や文化資本を他人へさらけ出すことと地続きで、それは時に誉れになり、ときに差別のきっかけともなる…。「あなたはカップ麺もお好きなの？ 幸せなことね」という言葉を最後に、またぎようもない線を、すっと引いたMSG[*2]嫌いのマダムのことを思い出す。たとえ私がAもBもない、どうしようもない食べもの好きでいたいと誓ったところで、周りが頷《うなず》いてくれるわけではないのだ。もちろんそれは食に限った話ではない。ファッションそのほか趣味、生活のすべては他人の目に触れたところから、自分の理想と違った色に変色していく。

そんな窒息グルメから逃げ出したくて、私はついにひとりになってしまった。ひとりで食べればいい。孤食。孤食最高。そう思うようになった。

孤食はその食事を誰に見られるわけでも見せつけるわけでもない。匿名は透明だから世界を消してじっくりと食べものに向き合うことができる。飲みものを2つ同時に頼んでもいい、4000円のランチを食べてもいい、指でゼリーを弾いてもいい、無理に完食しなくていい。ちょうど私は誰もいない部屋でひとり、食パンのおいしさにうち震えたいと思っていたところだった。

「君がなにを食べているか言ってみたまえ、どんな人間であるのか当ててみせよう」

…確かにサヴァランの言葉は間違ってない。ただし、「言ってみたまえ」ということは「言うまではわからない」ということだ。それは大きな救いだと思う。人と繋がることができなくてもいい、自分にしかわからなくてもいい。たとえそれがよそからみれば卑屈で孤独でも、せめて食べることについては純粋に喜びたい。誰かと一緒じゃ曲がれない道もあるのだ。

＊1 ピエール・ブルデュー（Pierre Bourdieu）
人が社会的地位によって文化的に順応し、特定の好みを発達させる過程を「趣味」の概念を通して論じた社会学者。
参考
『食べることの社会学——食・身体・自己』デボラ・ラプトン著（無藤隆・佐藤恵理子訳、新曜社）
＊2 MSG（Monosodium Glutamate）
グルタミン酸ナトリウム。うま味調味料（「味の素」など）の主成分。

発見

冷蔵庫、いつもは真っ暗なんだと思うと寂しい

寒いし。

共食孤食問題

「人と一緒に食べれば何でもおいしい」という人がいるけどそれは嘘だと思う。それはお人好しの神話であって真実じゃない。だって、人と一緒に食べてもまずいものはあるし、人がいなくたっておいしいものもあるでしょう。

まず女子会などで散見される、味の擦り合わせ。これが辛《つら》い。一口目の直後、「え、あ、おいしい…でいいんだよね、これ、まずいじゃないよね、おいしいの方でいいよね?」という暗黙の疎通。ここでみんなのおいしい空気を、まずいの一言で壊すのはまだいいとして、みんながまずいと言う中おいしい宣言をしてしまうのはとてつもなく恥ずかしい。私という人間のセンスのすべてが台無しになりそうで、親にまで申しわけない。バターが入ってないマフィンなのに、あーバターのいい香りとか言っちゃってまわりを静かにさせてしまったこともあった。今思い出しても恥ずかしい。

仕事の打ち合わせでも満足に食べることができない。喋《しゃべ》りながら食べようものなら、シーザーサラダから永遠にベーコンを落とし続け、味は味にならないまま舌の上をつるつると滑っていく。どうして物を味わいながら頭を動かして考え、しかも喋ることができるのか。ランチミーティングは永遠の謎だし、朝食ミーティングをするのは外国人か天才だ。だから私はいつも飲みものを頼む。すると「あえての飲みものですか」と聞かれ「ええ、はい…」という鈍い反応しかできず、食に対する好奇心を疑われたりもしてしまうからどっちにしろ辛い。

人と食事をする場合、純粋に食べものと向き合うことは難しい。「人と食べると何でもおいしい」信仰の人たちは、〝人と食〟の関係ではなくて、〝人と人の間、その媒介物〟として食を捉える。食が主役になることはない。名目上は主役だったとしても、実際はその場の関係の引き立て役だということがざらにある。私は今の恋人に上海蟹《シャンハイがに》で釣られたような気がする。

正直、私は皿の上で取り交わされる人間関係のせいで、肝心の味に心が届かなくなることを苦しく思ってしまうが、目の前に人がいるのに皿ばかり見ていたら迷惑になることはわかっているつもりだ。だから我慢ができる。小学校の給食の時から、クラスの皆が昨日のアニメ話に興じる中、鱈《たら》のクリームグラタンの味と向き合おうと必死になるも挫《くじ》ける、を繰り返していたからな。共食は時々食べものを殺す。

しかし、孤食を妄信したとして、幸せになれるとは限らない。一人前というのは非情だ。「俺の胃袋は宇宙」ではないので、100種類のメニューを擁《よう》する中華料理ならば前菜に1品、メインに1品しか頼めない。出会いの確率は、50分の1。熾烈《しれつ》な選抜は可能性のゆとりを奪う。根強い心の保守層がいつも私によだれ鶏を頼ませる。本当はじゃがいもの腐乳《ふにゅう》炒めも試してみたいのに。そもそも円卓はなんのためにあるのか。みんなのためにあるのだ。

円卓とか鍋パーティとかギャザリングとか、食を囲んだほんわかな集いの魅力が、私のストイックなまでの食世界を侵食する。そういえば昔さくらももこさんのエッセイで、シフォンケーキおじさんこと祖父江慎《そぶえしん》さんたちと4人でシフォンケーキを食べに出かけて、ひとり2種類の計8種類をわけながら食べる夢のような会があったなあ。そういうやつ。食べながら交流も楽しむ。両立。なんだ、ひとりじゃなくても楽しい。そう思える日が来たら私も立派な社会人。

「人は共食をする動物である」——文化人類学者 石毛直道

“I really like to eat alone”——アンディ・ウォーホル

発見

ここにしかない味

慶應義塾大学三田キャンパス　山食

西校舎奥のその寂れた食堂は、

かなりの個性派で、

メイン食堂の総合的安定感（カラフルな椅子、ぴかぴかの食品サンプル、近代的なキッチン、つぶしの利いたメニュー、調った味）を求めるテニスサークルの人々にしてみれば、暗い古い遠い、もしくは、その存在を知らない。

名物はカツカレー。

これがもう
全然おいしくないのだ。

肉は固く、ルーにはあまり旨味がない。マッチのような苦みはスパイスを煮詰めすぎてしまったんだろうか。みそ汁は薄い。
だけどこのカレーには、
おいしいなんてことよりもっと大事なことがある。

ふつうの学食のカレー味は、海の家や、サービスエリアと、
まったくおんなじカレーの味で、
きわめて凡。無表情の凡カレーなのだけど。

山食のは違う。味に表情がある。
作った人の影と流れた時間が乗り移っている。
だからわずらわしくて人なつこい。
無視できなくて、なんか残る。

それは、ここにしかない味。
なによりだいじな個性の味。

ガストロノミー*0って何ですか？／自然と文化の拮抗点ですか？

大好きなレストラン「レフェルヴェソンス」のシェフ生江史伸さんに、高級レストランは一体なんのためにあるのか、なにができるのか、聞いてみた。

弱いですよね、料理って

紗季子（以下**さ**）　時代の文脈やそれぞれの哲学があってこそ、料理は生まれるし、変わってくんですね。でもそれってあんまり食べ手には伝わらないことな気がして。そもそも料理に意味や思想があるという前提を持たない人も多いと思う。料理って、こういうことを考えてつくってますって言っても、食べる人によって全然感じ方が違うじゃないですか。出てきたら皆すぐ食べたがるし、シェフが前に出て喋るわけでもないし。

生江さん（以下**な**）　正直に言うと、お客様の取り方というのは十人十色。でも強制はあまり好ましくない。導いて、こちらの方へどうぞということはするかもしれないけれども。

さ　その微妙さが、例えば、現代アートや映画をみるように、作品それぞれに解説があったり、パンフレットがあったりして、コンセプト込みで楽しむ芸術に比べて弱いなって思ったんですよ、料理って。出てきたらとにかくすぐ食べちゃうし（笑）。舌で思想は食べれるのかなって思う。

な　特に日本の料理はそうかもしれないですね。だってコペンハーゲンのノマ[*1]に行ったら、例えば出てくる料理というのは、苔の上に揚がった苔がのっかっていたり。自然のジオラマがそのまま切り取られたっていうのがわかりやすく出てくるじゃないですか。

さ　ひとつの答えがある感じがする。

な　「あ、これは自然を取り込んだ、自然を感じましょうという料理なんだ」と。自然への向かい方とか、手でタルタルを食べるということに対しての原始的な本能的なものの捉え方とか、手の温かさだとか。より自然に近いものの感じ方っていうのを体感してもらうってわかりやすいじゃないですか。でも日本人って、自然を切り取ってきたり、そのままをそのままとして表現することに対して、下品だっていう考えを持つじゃないですか。

さ　水上勉[*2]さんという小説家の方が、精進料理の本を書いているんですけど、そのタイトルが『土を喰ふ日々』[*3]というもので。つまり、精進料理を食べることは土を喰うようなものだって言うんです。土を喰うって言えば、成澤由浩[*4]さんって土のスープつくってるよなって。とても直接的だなって思ったんですよね、その時に。

な　だから日本人的感覚からすると、「え、土喰うの？」っていう。

㋚ そのまま食べちゃうんだ、みたいな。

㋤ それは割と、成澤さんは日本流にやっているようで、あれはとても文明的というか西洋的というか。日本人の料理観というのは、自然をまず自分と対峙させて取り込んだものを、自分の中での解釈としてやんわり置くというか。その上でお客様が、料理に自分が見た風景と同じものを見たりすると「ああ嬉しい」みたいな。

㋚ それは、でも凄く…（笑）。

㋤ 回りくどい（笑）。

㋚ でも繫がった、みたいな瞬間があるんですかね。

生江さんの鮎はドライヤー

㋚ 料理の名付けでも、例えば「これは羽衣《はごろも》のように美しいな」って思ったら、料理にそのまま「羽衣」って付ける人がいるけど、生江さんは「最大公約数」とか。コースタイトルの「願いと光」もどっちも見えないものだなあって。そういう風に名付けるのはなぜですか？

㋤ 具体性があり過ぎちゃうものって、そこの出会いで終わってしまうような感じがして。でもそうじゃないものって、繫がっていけるような可能性があるというか。あとは自然に対する畏敬というのですかね。魂を持ったものをそのまま添えるっていうよりも、ちょっと透かしたいというか、ずらしたいというか。正面に対峙するのが怖いっていう気持ちもあったりする。

さ　例えば、銀座の小十[*5]さんで鮎を食べた時に連想するイメージって、河原でワシャーって鮎が跳ねてて、生の勢いが丸ごと入ってくるっていう感じだったけど、生江さんの鮎を食べた時はドライヤーって感じがしたんですよ。[*6]

な　どういう風に見えましたか？

さ　命をそのまま活かすよりはねじ伏せる…いやでもそこまでいかない、微妙な、曖昧な感じに見えた。

な　多分、もともとあった生き物が別のものに変性するっていうのが西洋の料理の考え方なんですけれども、別のものに変わる途中か、あるいは別のものには変わっているんだけれども別のものではないような感覚っていうのは僕の料理かもしれない。

美味しいは手段

さ　料理を通して、食べ手と共感できることがあったらいいっていうお話がありましたが。

な　できなくてもいいと思ってる。でも最低限の話で、まずは美味しいっていうものが満たされないとその後が繋がらない。お客様と僕の接点を結ぶところっていうのは、美味しいっていうことしかなくて。

(さ) 美味しいが最終目標ではなくて、それはもう前提条件としてあって、その上で何を伝えられるかっていうことなんだ…。

(な) 美味しいっていうのは、手段。その後に、美味しいで繋がることができたら近づける。美味しいものをただ食べさせて一丁上がりっていうのは、エサだと思うんですよ。

地球人は世界を目指してガストロノミーを武器にする

(さ) 料理を通して人と繋がる…というならば、例えば香川県のしるの店「おふくろ」[*7]とかでも、美味しさも含めて感情的なコミュニケーションがあると思うんです。でもあえてガストロノミーで表現しようと思った理由はありますか?

(な) もともと世界の人と繋がりたかった。学生の頃からそう思ってました。僕は日本人ではあるのですけど、料理を始めた時の、自分のベースとなっていたアイデアというのが、僕は日本人じゃなくて地球人だっていう。日本人としてカテゴライズしないでほしいって。

(さ) そうか〜生江さんは地球人だったんだ!

(な) 繋がって、それが良い意味で繋がっていける。料理をつくるっていうことは誰かを必ず良い気持ちにさせられる、幸せにする、あるいは疲れた人がいたら回復を助けてあげる、っていうこととか。良い方向へ向かっていく行為だと思うんですよ。

さ　お話を聞いていると、本当に料理は素晴らしいものなんだなと思ってきてしまうんですけど、でも疑問は、ガストロノミーって味わってもらう相手が凄く少ないと思うんですよね。

な　ある程度のお金を払ってもらわないと来られないレストランだし、一応敷居があるというか。

さ　いや、ありますね。

な　僕らがそれだけハードルの高い値段をお客様からいただくっていうことは、それが、後は生産者の方だとか、マイノリティの、でも素晴らしい才能を持っている方々に繋がってくって信じてやってるんですね。

さ　でも一方で、食べ手の側の話なんですけど、レストランに行くってこと自体が文化資本を見せびらかすとか経済資本を人に対して誇示する部分があるなあって思っていて。

な　そういう人もいます。それに対しての欲求は満たしてあげられるようなスキルを僕らは持ってなきゃいけないし。そこで頂戴したお金を、僕らが一回預かって、また有用に使われていけばハッピーだし。

8万円のライダースのジャケットとかは頑張って貯金して買うけどレストランに行くって子はいない

㋚ やっぱり、レストランでの食事ってすごく刺激的で面白い。もっと届いてもいい人がいるのかなって思っちゃいます。8万円のライダースのジャケットとかは頑張って貯金して買うけど、レストランに行くって子はいない。例えば、学生がお年玉でガストロノミーレストランに行く文化があってもいいのにって思うんです。

㋤ 実は最近取り組んでいるのは、子供のための料理なんです。

㋚ わー！ それは最高です。最近ものに味があるということに興味がない人がいると知って衝撃で…。やっぱり私は小学生の時に親にレストランに連れてってもらって、そこで夢のような体験をしていることがベースになって、今もその感動を持ち続けているというか。

㋤ そうですよね。小学校3・4年生、10歳までが重要と言われていて。味覚の基本形成が意識の中でも確立するのが10歳までって言われてたりする研究は多いので、焦ることは焦りますね。

美味しさを突き詰めていったらオーガニックだったたっていう話

㋚ 最近気になるのは、テーマだけがあって形骸化している料理。例えば見た目は美しいけど、「え、そのまま果物置いちゃったの？」みたいな料理あるじゃないですか。

㋴ オーガニックだったらいいでしょうみたいなお店とか。

㋚ カサカサのマフィン、みたいな…。

㋴ そうそう（笑）。彼らはイデオロギーで満足感が得られると思ってるんですけど、美味しいものって色々あるわけですよ。美味しいを追求していけるのは、人間の美徳だと思うし。僕らがやってるガストロノミーっていうのは、未だ発見されていない美味しいという新しい感覚を、自らの研究で発見して、それに共感してもらうっていう作業だと思うんですよ。

㋚ うお〜。

㋴ 新しい美味しさの可能性っていうのはもっともっと無限大に広がっているっていう前提で、無数の星の中から自分がそれをピックアップしてきて、共感してもらう。

㋚ ガストロノミーが新たな美味しさの星を見つけることだとすると、それは最初は小さな研究室で限られたものでも、いつかはたくさんの人を幸せにできるのかもってわくわくします。何をしている時が一番楽しくなりますか？

㋴ 知らないことを発見した時ですかね。知らなかったことがなるほどってなる時かな。

＊0　ガストロノミー（gastronomie）
一般的に、文化と料理の関係を考察すること。美食学。

＊1　ノマ（noma）
デンマークの首都・コペンハーゲンにあるミシュラン二ツ星レストラン。また「The World's 50 Best Restaurant」でも1位を獲得。

＊2　水上勉（みずかみ・つとむ）
1919年福井県生まれ。小説家。デビュー作『フライパンの歌』（文潮社）がベストセラーとなり、『雁の寺』で直木賞を受賞。『土を喰ふ日々』（文化出版局）をはじめとした数々の著作を残し、2004年没。

＊3　『土を喰ふ日々』
少年時代に京都の禅寺で教わった精進料理をもとに工夫を重ねたクッキング・ブック。あるいは、香ばしい土の匂いを忘れてしまった日本人の食生活の荒廃を悲しむ、異色の味覚エッセイ。

＊4　成澤由浩（なりさわ・よしひろ）
1969年愛知県生まれ。シェフ。ヨーロッパでの修業後、1995年神奈川県小田原市に「La Napoule（ラ ナプール）」を開店。2003年東京・南青山に移転後、2011年店名を「NARISAWA（ナリサワ）」と改め、現在に至る。2013年「The World's 50 Best Restaurant」にてアジア1位を獲得。

＊5　銀座小十（ぎんざこじゅう）
2003年奥田透氏が銀座に開店した日本料理店。2007年ミシュラン三ツ星を獲得し、日本料理界を牽引するお店のひとつ。

＊6　2013年「レフェルヴェソンス」で供された鮎「美しい夏の風景2013」は料理過程で最適な火入れのために、一部ドライヤーを使用した。

＊7　しるの店「おふくろ」
香川県にある郷土料理の店。

生江史伸（なまえ・しのぶ）

1973年神奈川県生まれ。シェフ。2008年英国・ロンドンの「The Fat Duck（ザ・ファット・ダック）」にて修業後、2009年に帰国し、2010年にL'Effervescence（レフェルヴェソンス）を開店。

L'Effervescence（レフェルヴェソンス）
東京都港区西麻布2-26-4

発見

こどものたべかた

わたしは　よく　かんで、
なんでも　たべるのよ。
たべちゃってから
あそぼうね。

「たべちゃってからあそぼうね」

ああこれは間違ってる。

だいたい女のトーストを持つ手先のこなれ感が気に入らない。

どこぞのOLランチみたいな世間体をまとった目つきがもう。

これはほんとの子供の絵じゃないな。

こないだ親戚のはなちゃん（5歳）と、みんなでレストランに行った。彼女はデザートのタイミングでやってしまった。紅茶を思いっきりひっくり返してしまった。周りは待ってましたと言わんばかりに「拭くものなにか！」と慌ててだすのだけど、当の本人は驚くほど満ち足りた顔で「あーあったかくてきもちい」と言った。私はもう本当におどろいた。こぼれてしまった食べものに対するなんて素敵な、このうえない挨拶。彼女の心はびっくりするほど単純で、裏も表もないいんだろう。

思えば子供たちは随分自由にものを食べている。コップに手をつっこんで倒れるからオレンジジュースまみれになって、フォークのさす部分を手に握るからなにもすくえなくてわめいて、苦労しているようで創造力に溢れて、それでもまだなにか食べようとしている。一体どんな気分なのか、どんな感覚でいるのか、輝く瞳でカオスをみせつけてくれ、ずっと憧れて眺めていたい。

だけどそんなこと言ってるそばから光の速さで叱られて、わけもわからず萎縮する子供の涙が大人の第一歩…。はなちゃんだってそのうち「あら失礼」なんてすました顔でハンカチごしごしやるのかな。そんなの当たり前だから、野蛮でもマナー違反でも奇跡の瞬間、子供はすごい。

（追記）
ポール・ボキューズ自伝の中の「味わい感じとり目を見開き、この食べ物の言語を解き明かす。皿をさらったり、木匙をしゃぶったり、指を舐めたり、匂いをかいだり、音を立ててすすったり。何をしても許された」という子供の頃の話がとてもいいです。

発見

金券ショップの先の、ネクタイ屋の奥の、フルーツの秘境

ベジタリアン新橋本店

ニュー新橋ビル。それは新橋駅に隣接し、〃ニュー○○を名乗るものは大抵ニューじゃない〃の法則を遵守するオールドスタイルの複合商業ビルで、マムシドリンクを売る人、色とりどりの喫茶店、雀《ジャン》荘《そう》、囲碁クラブ、ゲームセンター、弁護士事務所、アジアのマッサージ、東京を一望できるわけがない屋上等が、次から次へと現れる。空気なら不穏だし、日当たりは最悪だが、なぜかトイレは清潔だ。

そもそも巷《ちまた》のおしゃれ駅ビルは型はめの味気ないゼリーのようで、一見華やか色こそ違えど全部味は同じ、というつまらないものの代表だと思うのだが、どうもこのニュー新橋ビルは型破りである。心を乱される。不可解なくらい世界が違う。初めて来た時は、ずいぶん遠いところに来てしまったと思った。

最大のご乱心は1階のジューススタンド「ベジタリアン」。ピンクのネオンサインも情熱的な商品ポップもおばちゃんの笑顔もエネルギーに満ちているが、なにより、そこらじゅうに転がっている果物の覇気がすごい。こんなにギラギラしたジューススタンドはみたことがない。寝起きするならこの店の前がいい。ナイスミドルに混じって飲み干すレモンジュースは、染み渡るクエン酸。やっと朝を手に入れた。さらば淀《よど》みよ、グッドモーニングが自分の言葉になる。

（追記）
新橋駅汐留口の「新橋駅前ビル1号館／2号館」も面白い（ビーフン東《あずま》のビーフン。パーラーキムラヤの座り心地チェアー。ポンヌフのナポリタンをバターロールに挟んで食べる。などの楽しさがある）。

腐敗は優しさだ

食べものには、旬がある。秋には秋刀魚《さんま》が食べたいし、冬には上海蟹が食べたい。ただし、その一寸先には腐敗が待っている。食べものは始まる前から〝終わり〟をしっかりと示してくれている。おかげで私たちは「腐っちゃうから、早く食べよう」とか「腐っちゃったからしょうがない」とか、すがすがしく目の前の輝きを享受したり、切り捨てたりすることができるようになっている。これは素晴らしいことだ。世の中には惰性の恋人関係や情の移った不要物が溢れているというのに。

腐るって優しさなんじゃないか。「生ものですのでお早めにお召し上がりください」。この言葉には神の福音に似た響きがある。未来も過去もない今、目の前にある食べもの。矛盾なく、美しいままで生き抜いて、終わる。だからこそ食は、刹那なほどに光り輝き、食べ手は絶頂だけを心に留めることができる。ああ、今にも腐りそうなアンパンマンの神々《こうごう》しさよ。保存料はいらない。時は早く過ぎる、光る星は消える、だから君はゆくんだ微笑んで。

発見

のさばるレモン考

ダムに一滴のレモン。警察犬は嗅ぎ分ける。唐揚げ、ケーキ、たったの一滴、レモンは世界を変えてしまう。そうだレモンは劇物だ。日常にありふれた紡錘《ぼうすい》形だからといって油断はならない。ひとたび手許が狂えば問答無用で染めあげる、黄色い香りは征服感に満ちている。見よ、あの苦しげなレモンティーを。爽やかな茶葉の香りを押しのけてレモンの苦い酸味を口いっぱいで受け止める時「こんなはずじゃなかったよ」と葉っぱの嘆きが聞こえてくる（私はレモンティーが嫌いです）。

　味の乗っ取りに関しては驚異的な力を持つレモン。だからこそ、レモンを手なずけたら天才だ。オーボンヴュータンのウィークエンド、天才。ホテルオークラのレモンパイ、天才。フラクタスのレモンコーディアル、天才。サクレ、天才。お菓子の本分である甘味に対してレモンの酸味を果敢にぶつけ、複雑な均衡を経て美味しさを生みだすその業《わざ》

は、素人目には奇跡でしかない。自然（酸っぱいレモン）と文化（職人の手仕事）の拮抗点に生まれるおいしさ。それを味わうとき、パティシエ、シェフ、開発担当者…携わったすべての人に渾身の敬礼を送りたくなる。

しかし、レモンのお菓子があまりにすごいというので、手なずけてもいないのにレモンの威を借ろうとするのがたまにあって、とてもよくない。つまり、世の中には実態なき亜流（無果汁）のくせして、本物のレモン菓子が積み上げた〝レモンおいしいすばらしい経験〟にフリーライドする駄目レモン製品が多すぎるのだ。

栃木にレモン牛乳というのがある。華厳《けごん》の滝など日光の名所には必ず置かれる人気者だ。しかしレモン牛乳にはレモンが入っていない。雀の涙ほどの果汁も入っていない。そのくせレモンを名乗り、レモンイエロウのパッケージをまとい、レモン好きの心に居座ろうとする。レモン牛乳だけでない。ヤマザキのレモナックも悪い。あれはレモンの形を模したといわれるケーキだが、そもそもレモンの形はあんなに単純ではない。先端の形状の繊細さを捉えていない。あれをレモンと言い張るのなら、よっぽど人間の肘を曲げた先端の方がレモンに似ている。

発見

かき氷を認める

三日月氷菓店

かき氷なんて
水凍らせて機械でウォーって削って着色した砂糖汁かけただけのくせ
どうして300円も400円もの価値が生まれるのか
舌が真っ青になって何が楽しいか（ジェイミー・オリバーなら発狂しちゃうよ）
実のない料理だ　と思ってきたのだけれど

かき氷オタクのVさんに
「21でそんな固定観念に囚われているとあなたは即座に老け込む」
と諭されたので
今のうちにかき氷での感動体験を味わおうと
氏の薦める名店　柏は三日月のかき氷に会いに行った
30分並んで　ほうじ茶のかき氷

仔馬のたてがみ
気持ち良さそう　撫でたら　溶けた

口に含んで　音なく　溶けた
じわっと舌が冷たくなって　消えた
綿ほどの存在感もない
透明な水の味がほどけて
冷たい空気と香《こう》の良さが
ひろがる
すこしだけ甘い
繰り返す

じーん…

まずいはずがめちゃ美味しいとか
嫌いなやつをいつのまにか好きになっていたとか
そんな瞬間に起こる　たくまざる大跳躍こそ　人生を豊かに
するのであった　多分

かき氷　味は想像力

LONG TRACK FOODS（ロング トラック フーズ）

昨年の邂逅《かいこう》以来、私はかき氷に積極的になっている。その結果、かき氷は複雑で物によっておいしかったりまずかったりする立派なデザートだということがわかってきた。（ただ「キーンとなるのも風情」みたいなのがわからない なんだそのプラス思考は）

さいごのかき氷は8月の鎌倉。
福田里香さんのかき氷
LONG TRACK FOODSの店先で
完熟梅、青梅、赤紫蘇《あかじそ》、赤すぐり、桃バニラ、プラムローズ、ジンジャー、レモンスパイス、いちご酵素、抹茶、小豆のかき氷。

味と味のあわいのなかでおいしさを見つけたり、
危うくなったり、
いろいろ冒険するから、お気に入りの味になる。

「バリエーションは愛なんだ」

（これは雪舟えまさん『バージンパンケーキ国分寺』（早川書房）の言葉なんだけど、本当にすばらしいと思う）

おわりにかき氷はシロップ水になった。
すすってみる。あー、味がいっぱいする。

「味が、いっぱい、する…」

清太「甘いか?」
節子「味がいっぱいするー」
清太「ははっぶどうイチゴメロンハッカ全部入っとるもんな。節子みんな飲んでええわ」
節子「飲んでしもーた」

まさかの節子!!

ジブリ映画「火垂るの墓」で、主人公節子が宝石のように大事にしたサクマ式ドロップスがついになくなるも、空いた缶に水道水をいれドロップ全部味のフレーバーウォーターを兄が生みだす名シーンがあるのですが、まさにその味（想像）と酷似しすぎて節子降臨。やばい…。うわあ…。せっちゃん…。

これほど最後の一滴まで味わって
大事に飲んだかき氷は初めてだった。

人がなに考えながら食べてるかは本当にわからん。

どうしたって
ひとり、ひとりだけの味なんだ。

発見

つまらない顔で食べたい

珈琲専門店エース

喫茶エースののりトースト（140円）

のり　バター　醬油　食パン
こんなわかりやすい素材でできることは
たかが知れてるはずなのに
おいしさがどうかしてる

そんなに好きなら家で作ってみればいいと言う人がいて
実際に作ってみたらやっぱりあんまりおいしくならない
皆様に愛されて41年の味
醤油のまだら模様は適当

だいたい
つまらなそうな顔をしたおじさんがひとりはいて
のりトーストを食べていて
憧れる

そういう人は別に　のりトーストのこと
誰かに熱く語ったりはしない
でもきっと私より
のりトーストのことわかってる

盛大な笑顔で頬張るうちはいけない
そういうのはそのうちだいたい飽きる
「なんか前ほどじゃなくなったね」とか言いだしてよくない
そんな愛し方じゃ勿体ないくらい
本当にすてきな店です

（追記）価格と創業年数は2014年当時のものです。

発見

パンケーキよりはんぺんだ

佃權《つくごん》

わかりやすい敵を作って

反発するのは
全然かっこいいことと思わないけど

それでもやっぱり

パンケーキよりはんぺんだし
フレンチトーストより厚揚げだと思う

だって、かなり大雑把に言って、パンケーキは食感の食べものですから、かなり大雑把に言って、はんぺんと同ジャンルだと思うわけです。にもかかわらず、当のはんぺんは誰の欲望を刺激するでもなく、おでんの海に緊張感なく漂うばかり。きっとはんぺんは自分のポテンシャルに気づいてない。低脂肪低カロリーで高タンパク。いかなる調理もやすやすと受け入れる素直さは練り物随一。特に佃權の手ごねはんぺんなんて醬油とバターでさっと焼いたらもう。泡のように消えるふわふわ食感に魚の旨味、醬油バターの香ばしさがえもいわれぬ幸福を生みだすわけで…今日こそはんぺんの本気を見せつけてほしい！

（追記）２０１７年閉業。

発見

人の家の麦茶

それは完全に人の家の形をした食堂で、鍵のない玄関を開け、靴を脱いで居間にあがります。テーブルの数が普通の家の5倍あること以外は、壁掛けのカレンダーや流れっぱなしのテレビなど、どれをとっても個人宅。まるで友達の実家にお邪魔したような空気は、アットホームでほっこりするのでした〜。

ってなったらよかったけど…
思い出した。
小さい頃、人の家の麦茶が不気味だった。
口をつける時にひやっと集中してしまう、あの、いやな感じ。
学校で友達がくれた卵焼きも、食べたら気持ち悪かった。
プラスチックピンクの弁当箱から出てきたやつ。
味がまずいとかそういうことではなくて、どうにも生々しくていやだった。
他人の、極めて個人的な部分が、
なみなみと自分の喉を通って入りこんでくるのが。

紅茶にはなくて麦茶にはある、
境界がくずれてしまう、あやうさの味。

基本、人の家の台所なんて、
明るいもんじゃない気がする。
外食なら、台所は行方不明だから、
そんなじめじめしたパーソナルなモノと向き合う必要はないはずなのだけれど、

このうえなく私生活的な空気を持つこの店では、
覚束ない気持ちにならざるをえず、
心がざわめく。こんな気持ちにはとても出会えない。
私はサスペンスを飲み込んで店を出た。

発見

素直な挨拶

「うわ…セロリ…」と思ってる人（私）の
「いただきます」が惰性でしかないのは当然で
本音の「いただきます」と「ごちそうさま」は
おいしいものを食べてはじめて言えるんだ。

発見

横尾印の唇チョコレート

Escribà（エスクリバ）

世界料理サミットに行った時にEscribàの唇チョコを貰った。

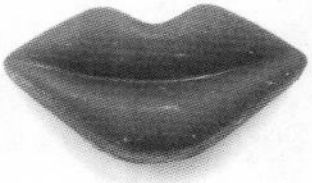

冷蔵庫にしまおうと、無意識中の無意識で適当な小皿に載せたら。

横《よこ》尾《お》忠則《ただのり》！

油断した、気をつけなきゃ。食欲失せちゃった。

酷似

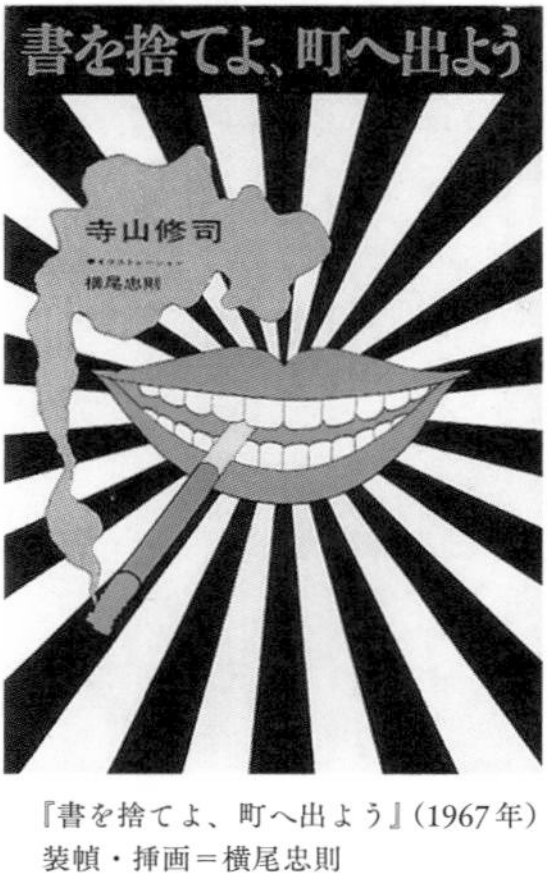

『書を捨てよ、町へ出よう』（1967年）
装幀・挿画＝横尾忠則

おまけ

なんとか作れてなんとかおいしい感じの料理

平野紗季子は日常的にカレーを作ったり、ハーブを育てたり、塩麹でつけたりしない。一般的には「あ、料理しないんですね」の部類に入ると思われる。しかし私はミシュランで三ツ星を獲得した現代日本料理「龍吟」の料理長山本征治氏の言葉を聞き、「なんだ私立派な料理人じゃん」と、思い切ることにした。彼の料理論はこうだ。「キュウリを一本、半分に折って相手に渡したとする。その行為じたいは、料理とは呼べない。だが、『キュウリは、半分に折り、手でもって食べるのが最高だと僕が考えたからこそ、こうしたんです、あなたのために』という思いがそこにあるならば、その行為は料理である。そこにあるのは何か？　精神でしょう。ここに料理というものの定義がはっきりあるのです」(TV「プロフェッショナル 仕事の流儀」第178回、2012年4月9日)。なるほど、料理とは精神である。その食べものをいかにおいしく食べるかを考え抜き、行動に移しさえすればどんなものも料理になる。ならば私のとっておきの料理を披露しようではないか。

チーズおかき

〈用意するもの〉
浪花屋製菓株式会社　元祖柿の種　進物缶　と　スライスチーズ
①柿の種の缶の蓋を開ける
②スライスチーズを一口大に手でちぎる
③穴めがけて全力で投げつける
④チーズ及びチーズに付着した数粒の柿の種を一緒に食べる

　つまりこれを行うことで、辛みのあるあられをチーズのまろやかさがかばう、実においしいチーズおかきが出来上がるのですね。チーズをちぎって穴めがけて投げつけるという楽しさ。さらに「投げつける」からこそ、いい塩梅に数粒の柿の種がチーズに付着するという仕組み。つまりゲーム性と機能性を兼ねた非常に愉快な料理なのであります。

ポテトチップスラーメン

①カップ麺をつくる
②「カルビーポテトチップスうすしお味」を割らずに載せる。
③ひたっとしたところで食べる

これは龍吟の「桜えびごはん」をヒントにしている。普通桜えびはそのものの香ばしさばかりが取り沙汰されるゆえに、ザクリとした食感の食べものだと認識されている。しかし、えびの身には当然甘みもある。それを殺すのはいかがか。外側は香ばしく中はレアな状態の桜えびの素揚げは作れぬか。といった思考を通して、新たな味の桜えびごはんが生まれるのですが（『日本料理　龍吟』高橋書店より）、つまりこれは、桜えびの固定観念を壊し、異なる（もしくは内在していた）魅力を提示したいということですよね。それであの、ポテトチップスね。これはもうパリパリしてなきゃチップスでないというようなポテトチップス道が貫かれていて、湿気こそ敵だと言わんばかりに密封グッズが活躍するわけだけど、果たして。パリパリしているだけがポテトチップスなのか？　という疑問がね、浮かんだわけ。それでおもむろに、カップ麺（そのときは日清の「どん兵衛」）に浸してみたんですけど、これがおいしいのなんのって。しなりとだし汁を吸った、極限に薄いいも天ですよ。いもの味がじんわりと広がる感じ。快活とは無縁ですが、なんとも奥ゆかしいおいしさがある。これは試してみなければわからないですよ。人生で今まで知らなかったポテトチップスの新たな魅力に出会えてしまう。

パピコはお風呂で食べる

①パピコを用意する（できれば期間限定のりんご＆ヨーグルト味）
②湯船で食べる

これは、龍吟の教えではなく、文化人類学者で食文化研究の第一人者でもある石毛直道さんの話にインスパイアされてるんですが、彼の書いた『食べるお仕事』（新潮社）という和田誠さん表紙絵の軽めのエッセイ集があるんですけど、その中で「スイカの食べ方」というのがあって、その食べ方が、①湯船につかる②家人に「おーいスイカもってこい」という③スイカを食べる。というもので。なんておいしそうなのだと、思ったのですよその時。どこで食べるか、どのように食べるかということを考えることも料理の一つなのだと。で、実際にパピコは湯船で食べるに適切なんです。あれ冷たい部分を押し出していくことでアイスに辿り着く仕組みになっていますけど、結構冷たすぎて私なんかまともにパピコを持てないんですね。だからハンカチとか服の裾とかでくるんで食べなきゃいけなくてうっとうしい。それからなかなか溶けてくれなくて思いのままに食べれない。これが湯船に入ると全解決。湯船にパピコの体を浸けたり出したりしながら食べると非常にスムーズに中身を味わえるし手がじんじんと痛むこともない。そもそも湯船の中で冷たいものを食べるというのが気持ちいい。居間で食べるのの数倍は幸せになれるということで、これは大変立派な料理です。

発見

それでも美しい道路に捨てられたスターバックス

スターバックスコーヒー

こないだ表参道で目が合いました。

「港区を清潔できれいにする条例」的にも、いちスタバフリーク的にも、許せぬ光景に怒り心頭でしたが、奥さんが予想外の破水を迎えてあわてふためいてタクシーに乗ったのでしょうか。飲み手は相当な事情によってこのような暴挙に出たと推測することにしましょう（そうでなければ許さないぞ）。

ただ しかし、

美しいのです。

流れるライトは弧をなぞり、皆既日食を閉じ込めたような輝きを放つ。

透明な茶褐色という言葉では情報不足な精彩が光の濃度を変えながら、揺れ動いている。

地に伏して雑踏を見上げてもなお、凜と佇むその姿に
私は女神を見た。

スヰートポーヅ　スヰートポーヅ

スヰートポーヅ

その日私は19時の神保町にいた。本屋に囲まれた交差点でお腹を空かせていた。空腹がすぎると〝my いい店レーダー〟は途端に精度を失う。ああ、こんなときは。食べログ…いやそうだ、あの子に聞いてみよう。通学路に神保町を挟む幸運な友人を思い出してメールする。間髪いれぬ返信には〝カレーならエチオピアかボンディ、中華は伊峡《いきょう》、餃子はスヰートポーヅ〟とあった。

スヰートポーヅ。

その字面を眺めるだけでときめきがある。餃子なら普通「大包」とか「紅虎」とかいかにも大陸からやってきたみたいな名前で脳内は真っ赤だというのに、カタカナでしかもスヰートときた。浮かぶは虹、通り越してオーロラだ。その空の下を汗をかく陸上選手が疾走する感じがする。気になって仕方がない。すぐにマップを起動する。

途中どうでもいい古本屋ですらやたらに鮮やかで、耳に流れ込むくるりの音楽はやけに神聖さを帯びて、心のどこかでは既に、次はエチオピアに行こう、と神保町に恋をしながら、ラストオーダーに追いつくために全力で駆けていく。時間を巻き戻して行く感じがする。食欲は死ぬまで止まらない。

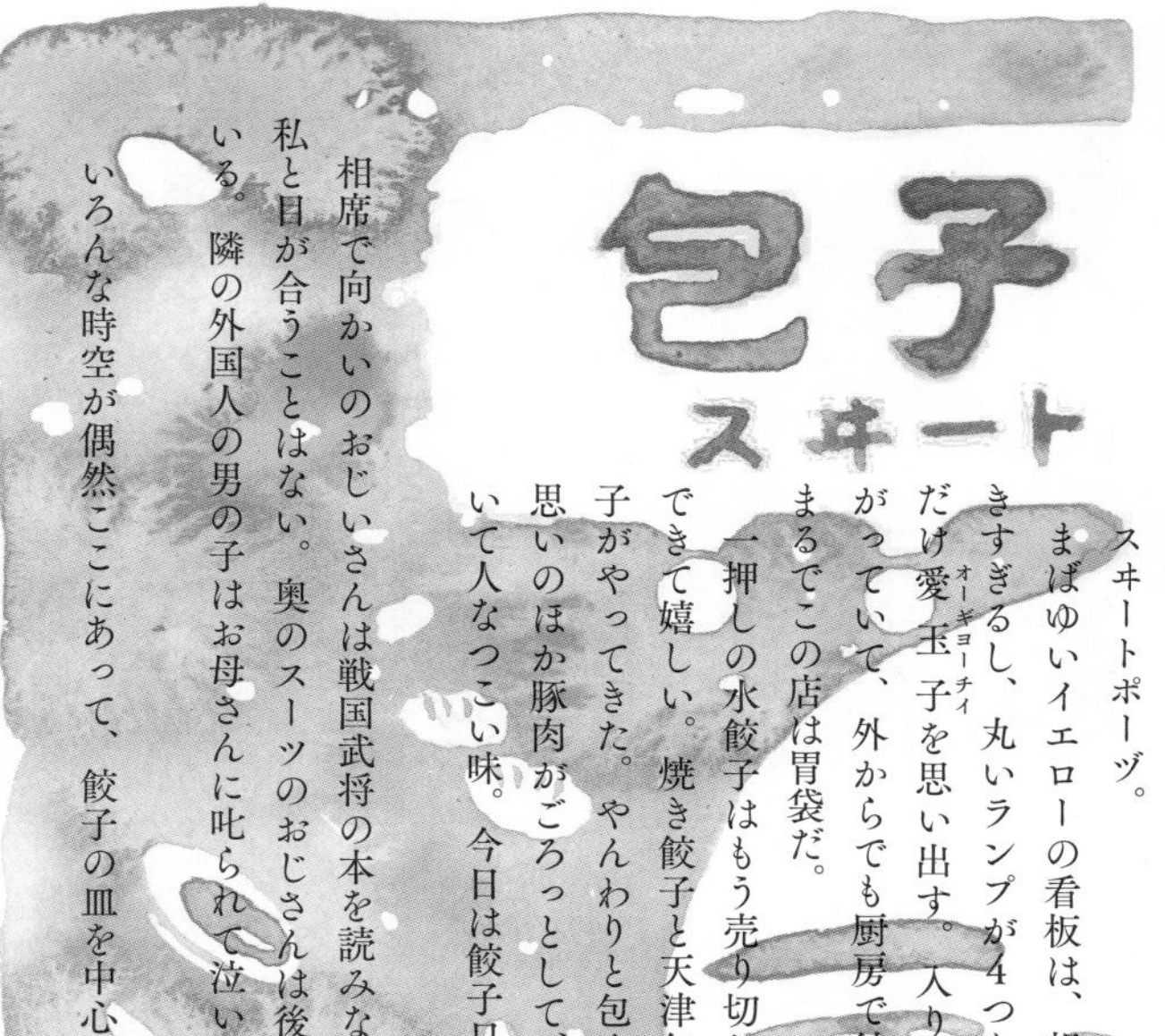

スヰートポーツ。

まばゆいイエローの看板は、想像以上の代物だった。小さな体には大きすぎるし、丸いランプが4つもぶら下がっている。かわいい。すこしだけ愛玉子《オーギョーチィ》を思い出す。入り口の扉から、客席と厨房が一直線に繋がっていて、外からでも厨房で餃子を焼く白衣のおじさんたちが見える。まるでこの店は胃袋だ。

一押しの水餃子はもう売り切れていた。残念どころかまた来る理由ができて嬉しい。焼き餃子と天津包子を定食セットで頼む。すぐに焼き餃子がやってきた。やんわりと包まれた、控えめなたたずまい。かじれば思いのほか豚肉がごろっとして、しょうがの香りが広がる。油がもたついて人なつこい味。今日は餃子日和ですね。天津包子もいい。

相席で向かいのおじいさんは戦国武将の本を読みながら焼き餃子とビールを行き来している。私と目が合うことはない。奥のスーツのおじさんは後輩にナイルレストランの由来の話をしている。隣の外国人の男の子はお母さんに叱られて泣いていた。

いろんな時空が偶然ここにあって、餃子の皿を中心にぐるぐると回り続けている。

なんだか、年を取るのが楽しみだ。

（追記）2020年閉店。

発見

パカの話

コンコンブル

ん〜〜〜〜

パカ！

このパカがあると
どうもお皿に集中してしまう

円卓6人掛けのとき
3人のサービスマンがやってきて
「せーの」(心の中)がぴったり揃ったパカなんて目の当たりにするともう
幕開け感が異常だし
店と料理と自分が一瞬で繋がった気になる

料理界のドラムロールだ…(思いついたけどなんか恥ずかしい喩《たと》え)

本当はクロッシュと言って
保温のための容器として生まれたのだけど
必要以上の夢を背負っていていいなと思う

渋谷のコンコンブルは1000円ランチでもパカをしてくれる珍しい店だ

↑上のトマトの肉詰めがパカの対象

「省略しようと思ったこともありましたが…

いくらスピード時代といっても、これだけは譲れないなあと思って」

というシェフの話を聞いてラブが止まらない。だって たいめいけん初代料理長なんかも言いそうな台詞じゃないですか

（追記）2021年夏、閉店。

発見／因果

食べ終わりのお皿が美しいのがなによりで、
それが大事な風景で、
あれはきっとわざとすぐに片付けないようにしていたんだと思う。
それが横着な態度には到底見えなかったから。

そのオープンテラスの喫茶店の存在感には
パリ的とかエスプリとか、
まあパリ一回しか行ったことないからよくわかんないけど、
そういう空気が欠かせなかったと思う。

だけどある日、
そのパリのエスプリ的な何かが
一切消滅してしまった。

ステーキフリットが。
オムレツが。
メニューから消えてしまった。
安心と信頼のホットチョコレートも、
姿形を変えてしまった。

ままよ、と思いながら頼んだ
本日のパスタ（パスタです）ボンゴレビアンコには、
刻み紫蘇が…
パリ風のキャフェで紫蘇？　シソなのか！！？！？（失意）

そうか。
ただのカフェになったんだ（諸行無常の響き）。
カラフルなチョークも
ハッピーアワーも
丸ごと高知贅沢セットも
みんなこんにちは初めまして。

運営、変わったんだそうです。
それだけのことです。
私は勝手に寂しいです。

発見

血のマカロン事件

Mugaritz（ムガリッツ）

おいしいという快感は料理の醍醐味だと、そう思ってきたけれど、実は食べるという総合的知覚体験に対する保守的な態度を作ってしまう元凶なのかもしれない。

「おいしい」なんて。「おいしい」なんてさ、所詮自分の人生が経験してきたせまい世界の食材と調理によって作られた基準なんだ。私、もっと衝撃的なやばい味にたくさん出会って生きていきたいよ。コロッケにソースばっかりかけやがって。

そんな思いもすべて一口のマカロンが私の心に生みだしたのだった。

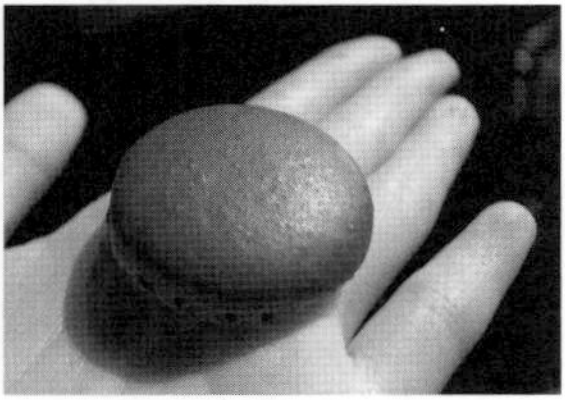

2012年9月の終わりに世界的に有名なシェフが日本に集まるイベントがあった。TOKYO TASTE 2012 世界料理サミット。

フェラン・アドリアに、アレックス・アタラ、ハロルド・マギー…。あの雑誌でみた、あの憧れのシェフや学者がステージの上に、いる。それはジャニーズさんでいうところのカウントダウンコンサートくらいのスター大集結=盛大な祭りで、客席の私は暴れたくなるほどの高揚感に満ちていた。

なかでもMugaritzのシェフ、アンドニ・ルイス・アドゥリッスさん（カタカナの限界よ…）のオンステージは凄まじかった。彼はものの2時間たらずで、11種類の料理を魅せてくれた。

彼の店のテーマは「食べものを大切に、遊び心も大切に」（チャーミィ！）

既成概念を壊したい。客を不安な気持ちにさせたい。感情に訴えたい。

料理を作るためには、文化の知識や技術だけでなく、なにより料理人自身の感性が大切なのだという。（アーティスト！）

その哲学に矛盾なく生まれたのが、食べられる封筒やカリッとしたソース、そして「血のマカロン」だった。

それは卵白の代わりに豚の血が使われたマカロンで、〝もし猟師がマカロンを夢想しながら猟に出たらどうなるだろう〟というテーマのショートフィルムまで制作して料理に添えたひと品だ（映画はサンセバスチャン国際映画祭で上映された）。

名付ければ「MACARON DE CAZA（狩猟民族のためのマカロン）」。

血液の中に受け継がれるレシピ。なんて圧倒的な想像力。

焼きたてのマカロンは、齧《かじ》れば完璧な食感で、アーモンドの香りと、甘みがすうっと広がる。ただし、その奥から漂う生々しい匂い。たしかに獣がいる。

血を使う料理自体は決して珍しくないけれど、その標的がマカロンだったことが問題だ。

ファンシースイーツの代名詞が見事に血肉を頬張る人間のあり様を映し始めるわけだから、それはそれは違和感。不穏な味が口いっぱいに脳のすみずみまで。おいしいという基準が破壊されて味わうというわけのわからない体験に突入していった…。

これはまさしく　血のマカロン事件。

おいしいものこそ独り占めしたがる私でも、この衝撃の味ばかりは、わかちあいたい友達の顔がいくつも浮かんだ。これ食べたら、あの子なんて言うだろう。どんなに興奮するだろう。（課外授業の一環で料理専門学生は大勢いたけれど、中盤なぜか秋元康《あきもとやすし》が登壇した一コマで、どんなスーパーシェフが登場するよりも大きな歓声がぎゃああっとあがったので、なんかちょっとわかんなかった。）

もし「食べもの」が奇妙な多角形をしているなら、一角の最先端では、ひたすら刺激的で変な食べものが日々発明されている。

きっと「レストラン」という場所は、
「ガストロノミー」という表現は、
金持ちの道楽のためだけのものではないんだ。

発見

おいしさの関係性

おいしいと評判のカツカレーを
手当たり次第に放り込んだ一口目は
そんなにおいしく思えなかった。
ただ辛くて肉の味がしなかった。
ルーをかけすぎたのだ。

カツカレーは、口に入れた時のバランスで味がずいぶんと変わってしまうことを知る。

カツが多すぎると脂っこい。

ルーが多すぎても辛いだけで肉の旨味が消える。

うまく緩衝剤（米）を挟みつつ完璧な関係性を探る。

一人前の量は胃袋のジャストサイズでもありそれだけトライ&エラーが許されている証《あかし》でもある。


ルーとカツの関係。

カレーと牛乳の関係。

私と店の関係。


だんだん見えてくる。

入れ子になったあらゆる関係性が押し引きし合ってすべてがちょうどいい具合にぴたりとはまるときおいしさはぐっと実感を持って出現するものなのだ。

学習

私が宇一さんから学んだ10のこと

「じゃあ店の秘密を自ら解き明かしてみてください」って

紗季子（以下さ）　私が宇一さんのお店と出会ったのって高校生だったんですけど、そのときカフェ巡りがブームで、ひとりでもいろんなお店に行けるからって、私も有名なカフェとか色々行ってたんですね。当然「カフェブームの生みの親」っていうくらいだから宇一さんの名前は自然と知って、それでロータス[*1]に行ってみたらえらい感動して。いままで見てきた家カフェみたいなのとはスケールが違うぞと。

宇一さん（以下う）　まあ、自分でカフェって名乗ったことないしね。あなた、初めて会ったとき変なこと聞いてきたよね、「なんでパンツが見えるんですか?」って。

さ　そう！（笑）宇一さんのお店って階段のまわりに座ると、角度によっては女の子のパンツが見えるなってことに気づいて。それって無理して変なとこに階段つけるからそうなるわけじゃないですか。お店のデザインひとつにしても相当なこだわりがあるんだろうなって思って、感動したんですよね。その時名刺を貰ったんで、「ここで働いてみたいです！」ってメールを送っ

01. 脚の細い椅子は料理がおいしそうに見えない

02. 30デニール以上のストッキングは素人っぽく見える

たら、「じゃあ店の秘密を自ら解き明かしてみてください」って宇一さんから返事がきて。

う　そんなこと言ったっけ。

さ　うん。それからは毎日、宇一さんのとこで働いてました。

う　1年ぐらいやってたね。なんかよくうじうじしてたよね。

さ　でもその時に学んだことってほんとに大事なことばかりだったと思います。だってノートびっしりだし。

う　え！　こんなノートつけてたの。見せたことないよね？　ちょっと見直した。どうりでいろいろ真似されてるわけだ。

さ　そうそう、これも見てください（平野、ショップカードファイルの中からモントーク[*2]のショップカードを取りだす）。

う　なにこれ？　こんなのあったっけ？

さ　いや…私、小さい頃からレストランのショップカード集めてて、モントークで初めてポストカードサイズのショップカードがあることを知ったんですよ。でも名刺サイズのホルダーに入らないから名刺サイズにトリミングして切っちゃって（笑）。

元の
ショップカード

03. そもそもmontoakは店名いらないと思ってたけど「じゃあ電話がかってきた時、なんて出ればいいんですか？」と聞かれて、名前をつけた

う　そうだ。これ元はポストカードだよね…ひどい。

さ　でもそれからニューヨークとか海外行ったら、ポストカードサイズのショップカードって結構あって。もう切り刻んで無理矢理名刺サイズに押し込むのはやめました。そういう固定観念から自由になるみたいな経験が宇一さんのとこにいて、何度も起こったんですよね。だってモントークとか、入り口も看板も表にないじゃないですか。

切り刻んでしまった
ショップカード

う　店なんかさ、そのままのこと見せる必要ないんだよ。モントークは表参道の真ん中にあるから、街に消費されないようにした。あるんだけど、ないようにつくった。ないと思ってたんだけど、ある。あるの知ってるんだけど、ないように見える。あるのわかってるけどなかなか入らないこの時間ってのが大事だよね。クラスとかでも気になってるけどあんまり話さない、みたいな。

さ　分け隔てなく関われる人もいいけど、緊張感っていうか、店独特の不穏さって大事な気がする。そこで勇気を出すと成長できるっていうか。例えば、ゆるふわカフェとロック喫茶ならいつも前者を選んじゃう人でも、〝えいっ〟て後者の重たい扉を開いてみたら世界変わるかも的な。でも結局入らないまま閉店しちゃったりするんですけど（笑）。

04. 小銭がたりなかったらさ、店員さんが「ありますよ」ってポケットから出してくれたら嬉しくない？

食で心を揺さぶられることの中毒

㋒　平野の場合さ、おいしいものが好きとか色々言ってるけど、食べものが身体に入った時とかお店に入った時に心揺さぶられることの中毒なんだよね。

㋚　お、おお…たしかに、そう思います！

㋒　映画のドンパチを観てアドレナリンが出るとか、車に乗ってスピード出してアドレナリンが出るとか、そういうのと一緒で。（平野の場合は）そこで何かが出るというかね。で、何かが出たことを自分で気に入っているから、おいしいもの食べるとかまずいもの食べるとか、店に行く中毒というか。お店っていうのは何度も行けるし、何度も味わえるから、形があるからわかりやすいというか。感動を何度も味わえるという意味で、確かな手応えというか。手段というかね。

㋚　でもそんなことないですよ。行った時、行った時で全然表情も感じ方も変わるじゃないですか。同じ感動が何度も味わえるわけじゃない。

㋒　でもほら、好きなバンドのライブ行った時の、この時はこんなだったし、あの時はあんなだったし、のバリエーションでしょ？　バンドだったら悪くなる時もあるし、でもファンだったら良い時も悪い時も理解しようとする、とかね。そういう人たちが付いてくると、お店はいいよね。

㋚　でもお店を好きになったりすると、切なさがあります。バンドって解散

05．チーズケーキをさ、チーケーって略すのださい

06．お皿が派手に割れたら、「あ、ストライクでーす！」とか言おうよ

しても音楽が聴けるし、画家が死んでも作品は残るけど、食べものって残らないじゃないですか。だから凄い執着しちゃう。もうここに無い、ここに無いもの、って思うと、じゃあそれ残せるの自分の心しか無くない？って、切実に向き合いたくなる。

ⓤ ピチカート・ファイヴの「東京は夜の七時」に〝待ち合わせのレストランはもうつぶれてなかった〟って歌詞があるよ。

ⓢ 待ち合わせのレストランはもうつぶれてなかった…！

ⓤ 最高だな〜。

ⓢ そっか、その時代って食べログとか無いから、閉店したことを知らないんだ！

ⓤ 徒花《あだばな》っていうのかな。花は枯れるから綺麗なんだし、ずっと咲いてる花には誰も振り向かないしなあ。

ⓢ 食べものは腐る。

ⓤ レストランって時代を映す徒花っていうかさ。

いい店は矛盾がない店

ⓢ 働いていた時に驚いたのが、細い椅子は食事がおいしそうに見えないって宇一さんが言って。確かに細い脚のスツールって事務所っぽくて、どっし

07. 置く物がないのに棚を作る必要がない

りした椅子の方がおいしそうだなって納得した。あと、ストッキングは30デニール以上は穿くなって。最初聞いた時は変態だって思いましたけど。

㋒ だってさ、素人っぽく見えるじゃない。ワインとかシャンパン出したいな、って思った時に、厚ぼったいタイツってどうなのって。皆寒いと何十デニールとかの穿いちゃうけど、デニールとシャンパンがマッチしなかったんだよ。

㋚ 小さなことひとつひとつのこだわりがすごいありますよね。いつも宇一さんは店にいるし。

㋒ 手間がかかってる方がそれなりの価値がでると思うから。

㋚ ロータスでもちょっとした店の段差が景色を一変させたりする。よくよく店をみてみると、あえて上から三番目のタイルは黒いのを使ってるんだな、そうすると店の風景が締まるな、とか、棚のサイズはちょうどレコードがぴったり入るように作られてるな、とか、最終的にお客さんが「いい店だな」って感じてしまう理由がこれ見よがしでなくちりばめられてる。

㋒ いい店って矛盾がない店だと思うんですよ。おばちゃんがやってて、ご家庭の冷蔵庫が置いてあって、椅子とかテーブルとかどっかで売ってるようなもん使ってて。でもお料理が5000円だったら矛盾があるけど、安くてそれなりの味だったら矛盾がないじゃないですか。

08. 「HENRY GOOD SEVEN」(店名)ってどういう意味ですか？
「ヘンリーはゲイなの。で、陽気だから彼の後ろにはいつも虹がかかってる。それでセブン」

さ　あ〜、つまり、まずくてもいい。

う　そう、要するに、ストーリーに矛盾がなければいい。矛盾がない話は皆が楽しめるんですよ。矛盾があると、矛盾があった時点でストーリーが破綻《はたん》するっていうかね。不安になる。田舎のあったかい良いホテルで、給仕さんの背中がほつれててもいい。でも銀座の店がオープンって時に、セレブとかがいっぱい来てますって時に給仕さんの背中に穴が開いてたら駄目。おにぎり出すカフェがないから、おにぎりカフェつくろうとか。そういうのは矛盾。お客さんは多かれ少なかれ、ストーリーを感じてるってことですよね。

さ　だから宇一さんは店員さんとかに怒るんですか？

う　矛盾の芽は摘む。

さ　接客ひとつでも、「お客さんに媚びるな」って言われました。思い返すとそれって魯山人《ろさんじん》にも似たエピソードがあって。魯山人がやってた星岡茶《ほしがおかさ》寮《りょう》では、給仕に若い女を好んで選んでたそうなんですが、彼女たちに客に対して一切媚びさせなかったっていう。お酌もしないしニコリとも微笑まない。でもそのかわりに正しく美しく完璧な所作で器を置いてゆくことを徹底したという…。

う　店員がお客さんの下に入るようなサービスはありえない。僕にとって格好悪いってのは最大の矛盾だからかなあ。

09. モーニングサービスのサンドイッチにディルとかいれなくていい

10. ファミレスでなぜお酒がでないのか。「机が大きすぎるんだよね」

*1 LOTUS（ロータス）
表参道の裏通りに位置する〝東京の食堂〟。「なぜこの店が受け入れられ、人を引きつけ続けるのか、その理由はわからない。蓮の写真はロンドンの風景に変わり、不思議ちゃんが去り、今や聖地となる。そんなことはどうでもいい。あり続けるだけで多くの人の歴史の一コマを抱きながら、今夜も人を飲み込むその店内には確かに東京が映し出される」（HPの紹介文より）

*2 montoak（モントーク）
表参道のランドマーク的存在。「カフェでもレストランでもない、お店という枠にとらわれない、〝今〟の東京を象徴する人たちが自然に集う一種のサロンのような遊び場、モントーク」（HPの紹介文より）

山本宇一（やまもと・ういち）

1963年東京都生まれ。空間プロデューサー。1997年駒沢に開いた「Bowery Kitchen」を皮切りに、2000年表参道に「LOTUS」、2002年表参道に「montoak」、2007年丸の内の新丸ビルに「marunouchi（HOUSE）」と数々の店を手がける。NYの高級食材店「DEAN&DELUCA」の海外初出店の総合プロデュースも務め、2003年に丸の内店と渋谷店をオープンさせる。2013年駒沢に開業した「PRETTY THINGS」は自分の好きなものを集めた珈琲のおいしいお店。

店のコースター。店名は「SO TIRED」（中華料理屋）。ずいぶんと自由な名付けである。

Google
白パン
+sakikoさん
ウェブ
画像
動画
ニュース
地図
もっと見る
検索ツール
セーフサーチ

発見

メニューは手加減なしで選びたい

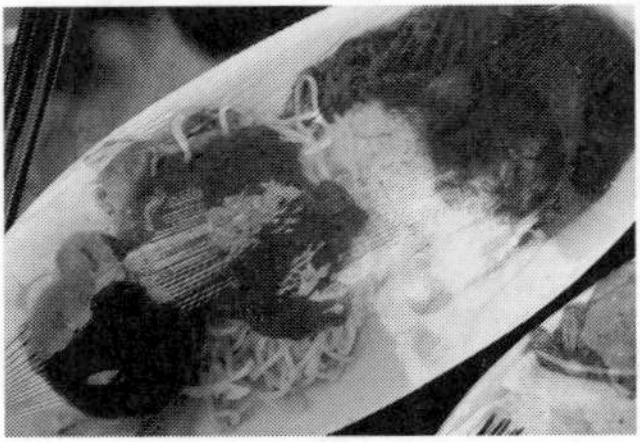

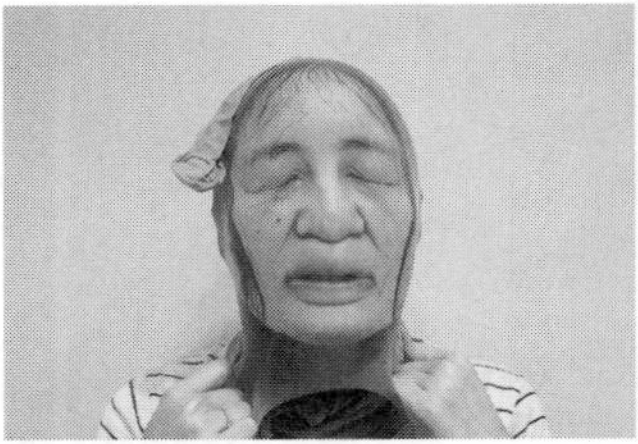

…不憫《ふびん》だ。

食品サンプルが店の前に鎮座しているのは
とても親切で甘え甲斐があるし、
もう「写真のないファミレスメニュー」なんて考えられない。

でもそれじゃあ、想像力の出番は一向にやってこないです。
このままだと、不親切なメニューの荒野に放り出される度に
怖くなってすぐハンバーグ頼んじゃいます。
（バカボンのパパは、フランス料理の店でカツ丼持ってくるのだって叫んでました）

写真のないメニューは真剣勝負です。
一筋縄じゃない料理の名前に遭遇した瞬間バトルが始まります。
逃げないです。
すぐハンバーグ頼まないです。
きっと新しい出会いがあるって信じます。

（〝小鴨のラケ エピスの風味〟って、ラケもエピスも一体何のことやら…!!!）
そんな苦境こそが
いつのまにやら面白くなっていきます。

《楽しいメニューのあれこれ》

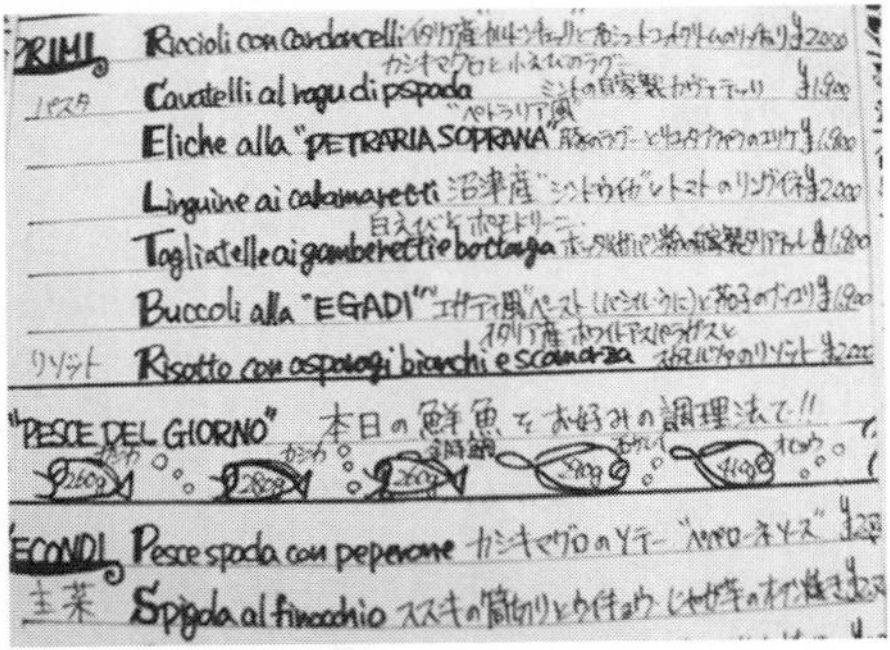

勢いがある　活気が道に溢れ出る
味が濃く量が多い　うまいうまいと
声が聞こえる

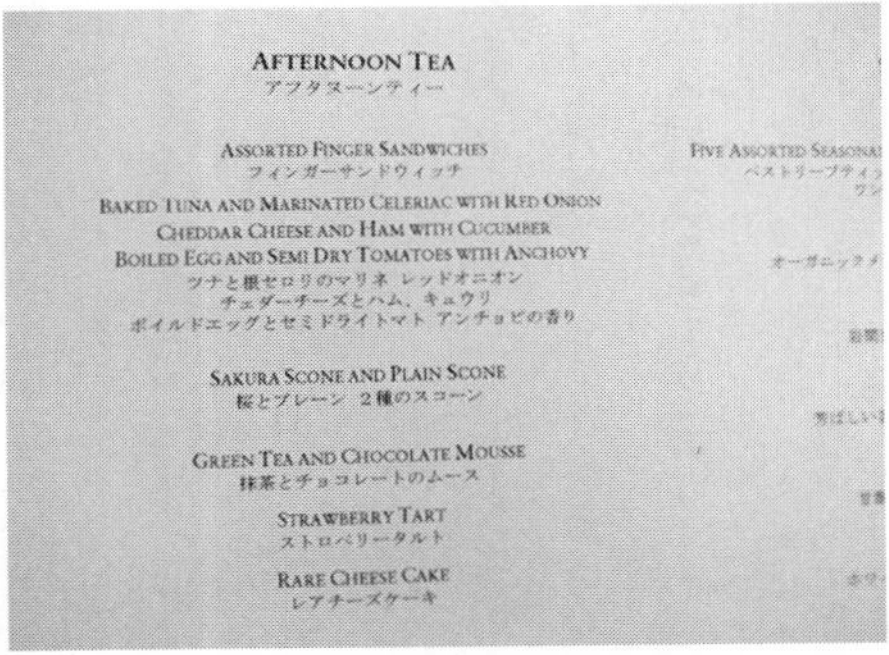

丁寧　品格　常に完成形　カラフル
わっと歓声をあげたあと食べものの
話はしない用

夢がある　地方　小さいけど自由な
気風　オレンジの照明　カウンター

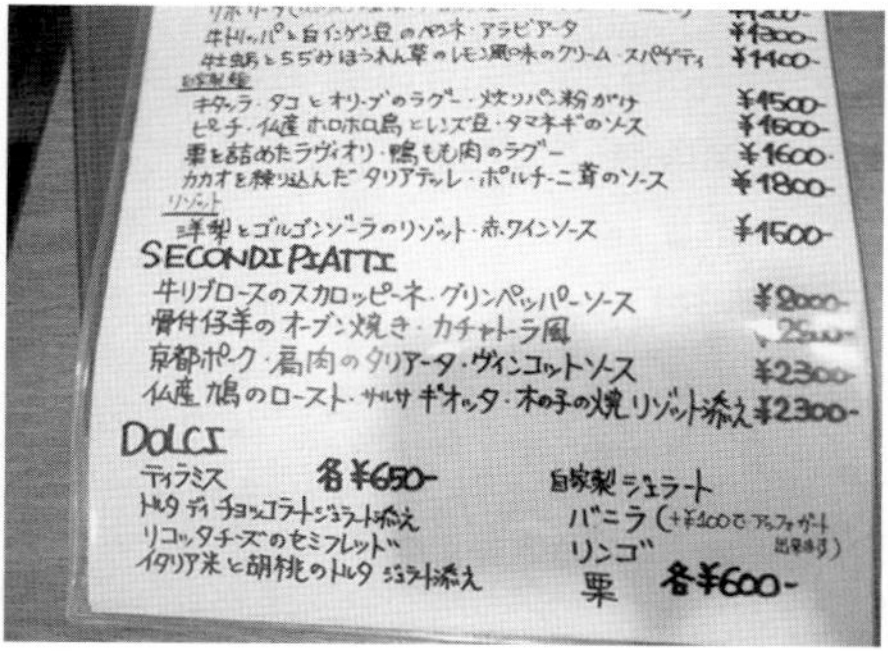

老舗　夫婦　こだわりと実直さ
店が暗い

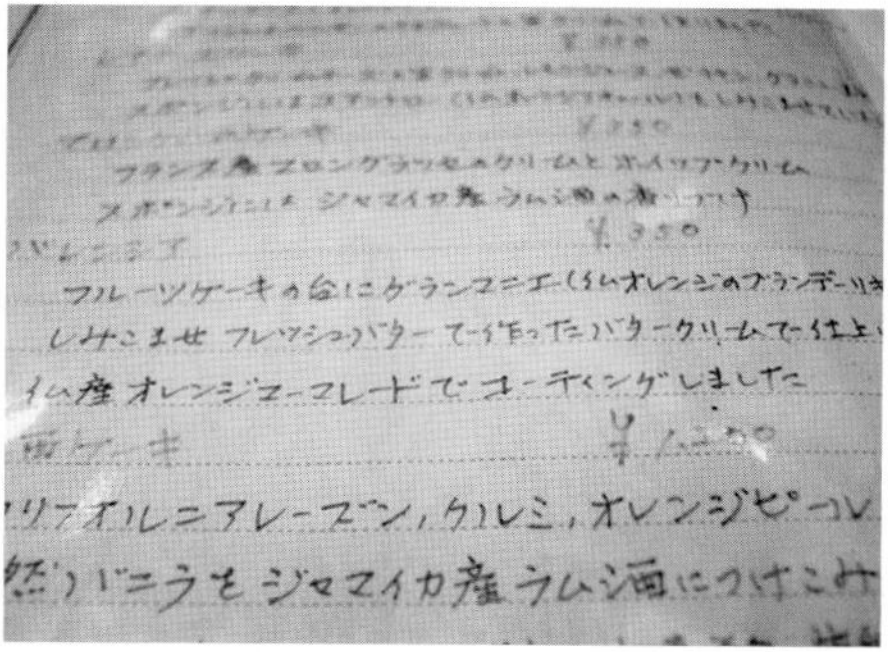

貪欲な人たち

アンディ・ウォーホルの絵は見られるし
ビートルズの音楽は聴けるけど
50年前のスパゲティを食べることはできない。

だから私は本を読む。
知らない過去は未来なんだ。

キュールズ　エスニック

得体の知れない料理人になるべく活動を始めて四年目。現在メンバーは三人（ヘギワラトシコ・林紫子・山田亮）で構成される。キュールとエスニックは、まるでキチガイに刃物。相性が良すぎて危なっかしい。なんでもとり入れ、なんでもごちゃ混ぜにして、いざテーブルに登場させる時には、一品のモダン料理にしつらえて涼しい顔をするクセモノ・キュールである。ケイタリング・サービス（パーティ料理の出張サービス）で好評のエスニック・メニューから本書の料理を創作した。

CUEL

「キュールとエスニックは、まるでキチガイに刃物。」

この一文。この一撃。ゆとり世代に電気が走る。

食はそんなに過激な存在か、ずるいよ80年代。

こんな宣言の前じゃ未来のパクチーもトムヤムクンもみんな腰抜けだ。

伊丹十三《いたみじゅうぞう》のエッセイの、アボカドの章もすごい。時代は1968年というから、アボカドはよほど珍しい果物だったんだろう。その味の説明に伊丹さんは2ページ割いている。「アヴォカードの肉の味は、これはなんといったらいいのかねえ。チーズ？　空豆？　どうも違う。茹玉子の黄身の味にも似たところがある」とかなんとか延々述べている。舌が必死じゃなければこんな風には味わえない。今だったら「アボカドの味が」って7文字で終わりでしょう。それって結局7文字程度にしかアボカドを味わってないってことで、これは何かと散漫な現代人が見習わなければならない、ものすごい集中力なのであります。

辻静雄氏が32歳（1965年）の時に書いた『ヨーロッパの味』（保育社カラーブックス）なんかでは、「チーズに慣れない人は我慢しないこと。我慢しようにも、あまりに臭く、コエダメに首をつっ込んだようになったりする」と、実にピュアな感性でチーズとの激しい距離を語る。「キャマンベールは臭い。グリュイエールやチェダーはローソクみたいな味がする」らしいが、私なんかどんなに悪臭を放つチーズが目の前にやってこようとも「芳醇な旨味が…」とか言い換えてしまいそうだなあ…と思うにつけ、自分の不純さ、知ったかぶろうとする姿勢にもやもやするばかりだ。

特別グルメじゃないにしたって、自分の親くらいの人と話せば、子供の頃「チーズケーキが甘い」ことに驚いたとか、洋風のお好み焼きことピザを初めて食べた日が忘れられないとか、〝初めて食べた記念日〟の鮮明な思い出話がわんさか聞ける。
自分の舌で味わったひとの言葉は強い。

他人の舌で味わったひとの言葉は弱い。
最近じゃ、食べものを食べる前からその食べものに異常に詳しいということが当たり前で、情報を受け取った時から食べ始めちゃってるようなもので、実際にその食事と対峙する時には答え合わせの追体験でしかないなんて、そんな不感症グルメが溢れている気がする。既視感にまみれていては心が老ける老ける。「そっち系ね」とか「なるほどね」とか、わかった気になるのはもうやめたい。店の前でスマホをいじらない。入店の決断は自分の心にゆだねたい。食べログは便利だけど、ちょっと人との交流がスマートになってちょっとうまいものが食べられることと引き換えに重大な感動を置き去りにしてしまうんだ。完全ネタバレの映画を見ても面白くないでしょう。１５００円返してもらってもいいレベルだ。

昔は情報に飢えてたから、今は情報が溢れているからって時代のせいにもしたくなるけど、それじゃあやっぱり悔しくて。私は率先して感動したいし自分の舌で味わいたいから、昔の人は尊敬するけど、それに負けない貪欲と敏感でごはんと向き合っていく所存である。

＊『女たちよ！』伊丹十三著（文藝春秋）、「食前の果物」の章より

発見

消化こわい

食べものは消えてしまう。
もうここにないもの。もう私のものでないものになってしまう。
だから食べものを消さないために
自分の心がしっかりしてなくちゃと思う。
そしたらちゃんと残る。

発見

おいしいシベリアの絵が描ける人は心がきれい

あんですMATOBA

おいしそうでおいしくないことで有名なシベリアですが、浅草「あんですMATOBA」のシベリアは本当においしいです。カステラはふんわり、自家製羊羹《ようかん》はなめらか、甘みは穏やか（普通その真逆）。カステラと羊羹という対極的な食感を持つ相容れないはずの2人が見事に結ばれている。ところで、映画「風立ちぬ」にも出てきて思いましたが、シベリアの絵が描ける人は心が細やかできれいだと思います。雑な心ではただの三角形にしかならないので。

（追記）シベリアは2018年に販売終了。

雑な人（私）のシベリア（Todd Selby風）

イラストレーター内田有美さんのシベリア

発見

オブラートの華麗な跳躍　すごいシェフと我々の日常

フェラン・アドリア
分子調理の神／20世紀最高の料理人／世界一のレストラン、スペイン「エルブリ」のシェフ／従来のガストロノミーをぶち壊し未知の驚きや感動を与えた／フェランの作品＝前衛料理／素材の形を科学技法で変形／液体窒素、アルギン酸、真空調理、注射器／コンソメのジュレをパスタと言い張る、素材を泡にしてしまう／彼の歩んだ道＝新しい文化の創造（分子調理法の世界的発展）／2011年エルブリ閉店／奇跡／伝説（とかいってまあ食べたことないから額面通りのことしか言えない。）

で、そんな彼の革新性を表す悪ふざけのようなスペシャリテのひとつに、「消えるラビオリ」というのがある。松の実とオイルをオブラートに包み、ボウルの水にさっと浸してから食べる。

映画「エル・ブリの秘密　世界一予約のとれないレストラン」より
Food Photo © Francesc Guillamet

彼にとってオブラートは素材。（愛用するはメイドインJPN国光オブラート）
「オブラート×食」の魔法を彼は信じている。

で、思ったんだけど、これってアンパンマングミと一緒じゃね？（ボンタンアメでも可）

©やなせたかし／フレーベル館・TMS・NTV

つまり、
我らがジャパニーズキッズは
世界最先端の料理人がその素晴らしさを提唱する以前から、
「オブラート×食」の旨さを知り尽くしているのだ!!!

とかいってると、

「は？ アンパンマングミからエルブリへの跳躍？ 転べよ」

「たかが一素材の共通点だけで短絡的に接続するなんて腐ってる」

とかいわれそうです、確かに。


しかし、だ。

私は引き下がらん。


君は覚えているか。

あのアンパンマングミを食べた時の、不可解で魅惑的な食感を。

グミのまわりにはりついたオブラートが
ぴたりと口腔に密着してとろける時、心は躍った。
味もしないくせ、それは随分と魅力的な味わいだった。
毎日の給食や夕飯にはありえない感覚。
どうも記憶に焼き付いて離れない不思議な食感こんにちは。

そこで得たあの感覚は
きっと遠くエルブリへ繋がる好奇心のかけらだったように思うのだ。

予想を裏切られ、未知の感覚にぶち当たること。
それを体を通して感じること。

そう、食から始まる発見の楽しさに目覚める可能性を
アンパンマングミは隠し持っていたんじゃなかろうかと
私は真剣に思っている。

食はいつだって好奇心に火をつける。
オブラートに包むことがなくとも
日々の食事は意外性との出会いの連続なんだ。

私はいつだって感動を食べて生きていきたい。
それを見過ごさない人でありたい。

まじでそういう風に思ってて、今からラーメン食べに行く。

残飯はさっきまでごちそうだった。歓声を浴び、ひとしきり話題の中心を担った。それがいまやゴミになり果てようとしている。劇的な意味変容。満腹は非情。もういらねを合図に食事の命はついえる。残酷な価値観スイッチは皿の上でぱちぱちと切り替わっていく。

発見

看板がおいしい

愛玉子（オーギョーチイ）

谷中の愛玉子

何がおいしいって、

看板がおいしい。

発見

幸子の大福

松島屋

こないだ電車に乗っていたら向かいの男性2人組に「俺ああいう幸薄《さちうす》女好きなんだよな」とつぶやかれた。『花とみつばち』（安野モヨコ）の山田みたいな男に、幸薄って、しかも上から好意もたれた…つらい…。

幸薄…耳に慣れた単語ではありますが、自分がその当事者になってみるとかなりの破壊力を持った言葉です。

それなりに落ち込んだので、
他称サチウスの私には、身に余る和菓子。
大福。

そう、
大福を求めて、私は魚籃坂《ぎょらんざか》を登る。

松島屋　ああ松島屋　松島屋

魚籃坂越えたら松島屋

幸福の権化、大福さま、堂々の鎮座です。

裏の通気口からは小豆を煮る甘い匂い。

きび大福を買った。
甘くだれきらない、塩気のある餡が好き。
素朴なきび餅の食感も好き。
私は、真正の幸子だぞ。
(いやお前はサキコだろ)

トーストに何か塗るなら

June Taylor（ジューンテイラー）

トーストに何か塗るなら
今はJune Taylorのマーマレード。

人工のペクチンが入ってないだとか
バークレー生まれだとか
小規模な家庭農園　稀少なフルーツだとか
そのような能書きも垂れてみたくなるけれど
でも瓶の中に入っているのは言葉じゃないし
美味しいものは美味しいんだって
食べれば素直になれる。

絵＝中村至男（『7:14』金羊社クリエイティブワークスより一部抜粋）

お気に入りは（とかいっておきながら）
レモンとローズマリーのマーマレード（しか食べたことない）。
整頓してる角切りレモン。
無理をしてない純なあまずっぱさ。
引き込まれるようなローズマリー風みたいに。
トーストにこだわる必要はない。
さっくり焼ければなんでもいい。
たっぷり塗ってちゃんと頬張る。
頬張るとカリフォルニアの太陽で口の中がきらきらします。

トーストに何か塗るなら
今はアノダッテのレモンバニラのジャムがすき。
トーストに何か塗るなら
今はアリムナのいちご生姜のジャムがすき。
トーストに何か塗るなら
今はMuy-ricaのバナナ&キャラメルのジャムがすき。

私はそれからトーストに何か塗るならを何度か更新したが
最近少しずつ興味が薄れてきた。
パラダイムシフトの予感だ。
この先で手招いているのは夜中にジャムを煮る平松洋子さんなのだろうか。

生まれた時からアルデンテ

私は生まれた時からアルデンテなので、茹でた麵をザルに放置してぶよぶよにするという手間でもってパスタを殺す所業に理解ができないから、芯のないことが誇りかのように開き直る喫茶店のナポリタンが嫌いだし、それを愛している人たちの団結力やアルデンテに対する反骨心とも出来る限り距離をとって生きていきたいと思っている。

じゃあ高級ホテルのロビーレストランにありがちな「大人のナポリタン」はいいのか、あれはアルデンテじゃないか、というとそうではなく、あれはあれで、ナポリタンという言葉の持つ懐かしさや、それにまつわるホッとした気持ちにつけこんで、容易に客と手をつなぎたいのだろうか、思い出系のあざといメニューに思われてどうも好きになれない（第一トマトなのかケチャップなのかよくわからないソースになっていたり、なぜかとても辛かったり、方向性がどうも定まらない高級ナポリタンが多い気がして心許ない）。

60～70年代の本を読むと、スパゲッティはうどんではないと口酸っぱく説く文章があり、１９７１年には、スパゲティーを茹でているだけでなんだか格好がついてしまう不思議があったようだ。それでも「空想のキッチン・タイマーを十五分にあわせた」（村上春樹著『カンガルー日和』平凡社、「スパゲティーの年に」より）とのことだからどちらにせよ茹で過ぎだとは思う（それに気づいたのか、『村上春樹全作品』版では「十二分」に書き直されているらしい）。

ここには帰りたい味がない。どう考えてもスパゲティはうどんじゃないし（ピチという手打ちパスタはうどんの風情を持っていると思うけれど）、深夜にお腹が空くと何を気取るでもなくスパゲティを茹でるし、そもそもスパゲティじゃなくてパスタと呼んでる。私がパスタ好きを自認した小学生の頃に好きだったのは、からすみと水菜のスパゲティだった。どうやら私は新しい舌を持っている。

（追記）
神泉「フレンズ」のナポリタンは、昔ながらの味なのにアルデンテなので最高です。

発見

きゅうりのぬか漬け

きゅうりのぬか漬けはお箸で食べてはいけない
つまようじでサクッと突き刺してジュッと水分が滲む曖昧な透明感を楽しむべき

発見

ラッキートラック

山崎製パン

朝　山崎パンを目撃　かわいい
今日はラッキー

ロイヤルホストのホスってホスピタリティのホスですか？

これはロイヤルホスト某店の、チェーン店とは思えぬ独創的かつプロフェッショナルなサービスでおなじみの遅番紳士小林さん（仮）を密かに追い続けた執念の記録である。

出会い

2011年の夏、深夜。私はロイヤルホスト表参道店で明くる日の国際法の試験勉強をしていた。ドリンクバーもない、ウーロン茶も、アイスティーもない。あるのは、トロピカルアイスティーというやたらに南国の味がする、夕暮れというよりはサンセットな感じの浮ついた紅茶か煎茶で、まったくもってこのラインナップは夜通しの勉強には向いてないというのに、なぜか気づくといつも私はロイヤルホスト表参道店にいた。居心地がよかった。10年前のJ－POPが唐突に流れてこないし、ライトは穏やかなオレンジで、床はカーペットだった。そもそも福岡生まれの私にはロイヤルホストに安らぎを覚えるだけの、幸せな経験が蓄積していた。好きなファミレスは？と聞かれれば、ロイヤルホスト一択だ。

必要なものを精査できないがゆえに散らばった試験勉強用の資料を前に集中が途切れて煎茶を啜《すす》っていると、すっと店員の人が視界を遮った。顔をあげると髪の白く頬のこけた、やけに白シャツに黒の蝶ネクタイが似合う、深夜のファミレスというよりは、夕暮れ喫茶のマスターという風合いの男性が立っている。

「お嬢様、手狭ではありませんか?」

「え?」

「机おつけいたしましょう」

「あっ」

「おみ足失礼いたします」

「(…おみ足!?!?)」


あまりに丁寧な言動とサービス精神…というか、とにかく「おみ足」なんて言葉を人生で初めて投げかけられたことの衝撃。ガーンとしているうちに、机の接合は終わっていた。勉強が捗《はかど》った。


しばらくすると彼はまたやってきた。

「空調はこのままでよろしいですか?」

「あ、はい、大丈夫です」

「ええ、体が資本ですから」

…。体資本だよね…そうだよね…健康こそ成功する人の鉄則というものね…。

なんというか残る。あの人の言葉が。あの人の身のこなしが。何者なんだ。あの人は。名は「小林」(仮)と、聞いてもいないのにネームプレートが語っていた。

失踪

2013年5月31日、表参道のロイヤルホストは「洋食が楽しい」のキャッチフレーズを残して閉店した。最後に行ったのは閉店の1ヶ月前の夕暮れ時で私はきのこ100gサラダとコスモドリアを頼んだ。その日小林さんはいなかった。何度となくロイヤルホストに通ううちに気づいたことだが、彼はどうやら夜更けにならないと現れない。遅番なのだ。なぜ? ただ給料が高いから、という現実的な理由ではない気がする。昼にしかできないようなライフワークがあるんじゃないか。例えば青空の写真を撮り続けているとか。

5月31日に閉店すると知って、「もう小林さん(仮)に会えないんだな」と思った。でも会えないならば会えないで彼は私の脳から遠ざかり、別段の寂しさもないままいつのまにか表参道店は閉店した。最後に一目彼のサービスを焼き付けておこうだなんて意欲が芽生えることはなかった。

店員と客の関係は実に脆《もろ》いものだと思う。どんなに足繁く通い店主と深く仲良くなった定食屋があったとしても、彼が店を閉めてただのおじさんになってしまったらその関係性は静かに消えていくものだと思う。彼と私の間には店という都合が必要で、それがない限りは、居心地も信頼も足場がなくて成り立たない。寂しいけど、そういうものなんだと思う。

それから半年以上がたった。

再会

その日私は神谷町のロイヤルホストにいた。理由は特になく、それまでただ六本木にいて、ただお腹が空いていた。「なにが食べたい」「なんでもい
い」。思考停止の心の中で自然と明滅するオレンジ色の明かりはまぎれもなく「Royal Host」と刻印されている。風邪を引いたらうどんが食べたい、日本に帰るとそば屋に行きたい、食べたいもの迷子なら「ロイヤルホスト」がこみ上げる…福岡生まれの私にはまるで帰巣本能のようにロイヤルホストの存在が刻み込まれているらしい。

神谷町店は内装、客層ともに上品だ。壁にはロイヤルホスト第一号店「北九州黒崎店」のイラストが飾られている。角のボックス席に座ると、なんとなくうろうろしてなんとなくサービスをしていく女性店員がやってきたので、私はハンバーグを頼んだ。目の前のボックス席にはひとりのおじさんが座った。

国産 黒×黒ハンバーグが運ばれてきた。どうして煉瓦柄の油ハネ防止の囲いがなくなってしまったんだろう。あれがかわいかったのに。さつま芋の付け合わせも復活してほしいよ…などとグチグチしていたら前方で「パチン！」と指の音が鳴った。

「旦那様！ それでしたらこちら、セットの方がお得でございます」

（だ…旦那様？）

（そんな口をきく店員は…この世にたったひとりしかいない小林さん!!!!!）

なんとそこには、丁寧なのに淡白でスマートなのにウィットの利いた伝説の遅番紳士小林さん（仮）が立ち、前の席のオーダーを取っていた。

実に見事な再会だ、と身震いした。これは運命だと思う。

観察

それから私はなにかと理由をつけてロイヤルホスト神谷町店に出向き、彼のサービスを観察するようになった。その日々のメモをここに列挙したいと思う。どれも小林さん（仮）を小林さん（仮）たらしめるエピソードだ。

—シフト入りは21時。その15分前の20時45分には店にやってきます。

—始業時、ホールに入る直前に美しい礼と「よろしくお願いします」の一言。まるでここは髙島屋のよう。

—メニューを閉じて顔をあげると目が合う仕組み。いつも客の様子を見ている。

—「いらっしゃいませこんばんはようこそどうもありがとうございます」が歯を浮かさずに言えるのは店の中で小林さん（仮）だけ。

—他の店員さんには全く干渉しない（指導係ではない）。

—店長ではない（当の店長は全く気が利かない。小林さん（仮）の変幻自在のサービスの足下にも及ばないマニュアルロボットマンだ）。

—歩幅が変わらない。スタスタ歩き続ける。普通なら長時間働くと、疲れや集中切れで、歩く速度が遅くなったり体が揺れたりするのだが。

—「帆立の…」と呼べば「帆立と海老のあつあつグリルがお一つ」の正式名称で返してくる。

—パソコンで作業をしていたら充電が切れてしまった時のこと。小林さん（仮）に「電源のある席ありますか…」と声を掛けてみると「電源は…あそこしかないんです、ここは昭和の建物なんで。昔は電話なんて4キロくらい回線があってもしもしみたいな。おじさんとおばさんしかいなくて」。指を差した席にはもう他の人が座っている。これは諦めるしか…と思っているそばから、急に大きな声で「変わってもらいましょう、あちらのお姉様方に」と言いながら彼女たちの方を向いた。突然話を振られたお姉様方は「?・」となる。そのまま全体に聞こえるような声で「変わっていただけます? あちらのお客様と。こちらにしか電源がないんです」と下手に出るでもなく堂々と述べ、その勢いのまま「ああ、もちろん」と言葉を引き出し、客席大移動が始まった。私も「あ、あ、ありがとうございます」といいながらすぐに荷物をまとめて席を移る。一気に客を巻き込んで、スムーズにことを成し遂げてしまった。変な空気は全く流れなかったし、一度も「すみません」と言わなかった。

—片手が塞がってる時は「片手で失礼」と一言添える。

—「お嬢様」と添えてから声を掛ける。場合によっては目線を合わせるべくしゃがむ。

—小林さん（仮）のサービスは皿を下げるタイミングも一定のスピード感もメニューから顔を上げたらオーダーを取りにくるところも声の抑揚も言葉遣いもウィットに富んだアドリブも完璧だ。そのうえ目が死んでるところにプロフェッショナルを感じる。

発覚

ロイヤルホストに通うある日、全店員のネームプレートに異変が起こった。なんとフルネームが記載されているのだ。すかさず私は小林さん（仮）のフルネームをメモった。

家に帰ってノートを見返す。彼のフルネームが書いてある。これは些細で大きなひとつの変化だ。謎めく小林さん（仮）の実態にすこし迫っている。私はおもむろに小林さんの名前をパソコンに入力していた。なにか答えを見いだそうとしていたわけではない。ただ、なんとなく気になる人の名前をノートにかきつける感覚で…エンターキーを押した。

検索結果が即座に表示される。

唖然とした。

検索画面の一番上に小林さん（仮）の画像が表示されたのである。

しかもその画像の右下には

〝日本タレント名鑑©〟

と書かれていた。

啞然、いや、絶叫した。


彼はベテランの役者だった。

彼は昼間に青空の写真を撮るのでなく、演技をしていた。


知ってしまった驚きと知るべきじゃなかった背徳感でひどく興奮していた。

個人的な情報のなにひとつを知らなかったはずの小林さん（仮）の真相が、インターネットの上に溢れていた。

生年月日出身地身長体重趣味その他…。そして過去の出演作品の羅列。

あの有名な俳優に師事していたのか、あの作品に出演していたのか。

すべての妄想が現実に塗り替えられていく。恐ろしい夜だった。

あれほどすばらしいサービスをしながら、
店長でもないこと。遅番であること。
そして、彼の目が死んでいること。

私は全てに納得した。

発見

脳みそのおしるこ味

おしるこだと思うから
おしるこの味がしちゃう

（きっと見てるだけでもおしるこの味すると思うよ）
（だって記憶のおしるこ味で食べちゃってんだもん）
中東の豆料理だと思っておそるおそる食べてみる
ワー！　ってなるよ

発見

回転するレストラン

純粋な青空のもと
君はそうやって
私のことを見下す
(とんでもございませんなんて言ったって絶対嘘だ)

回転するレストラン
回っているということが　とにかく偉いのだ
粗末な想像力じゃ到底敵わない代物《しろもの》

「あ～折角高い所にレストラン作ったのにな～。北に座ったら、南がみれないよな～」

「え、じゃあ店ごと回しちゃう？　回しちゃう？？」

「……」

高額な設備投資をしてまで回りたくなるその心が私には理解不能
平成の子には夢がない　悔しい

《今日も回転しているレストラン》
VIEW & DINING THE Sky（東京都千代田区紀尾井町）
銀座スカイラウンジ（東京都千代田区有楽町）
スカイレストラン ロンド（北海道札幌市中央区）
ホテルオークラレストラン 中国料理 桃源《とうげん》（千葉県柏市）
フレンチダイニング トップオブキョウト（京都府京都市下京区）
手柄ポート（兵庫県姫路市）

《もう回転してないレストラン》
ホテルオークラ ラ・ロンド（千葉県船橋市）
ばるーん（愛知県名古屋市）
ホテル天望閣展望スカイラウンジ（北海道小樽市）
銀座センタービル（北海道旭川市）
ニューオータニ松戸 回転レストラン「ブルースカイラウンジ」（千葉県松戸市）

そのうちぜんぶ幻になってしまう

（追記）
《今日も回転しているレストラン》のその後
VIEW & DINING THE Sky（2018年回転停止）
銀座スカイラウンジ（2020年回転停止）
ホテルオークラレストラン 中国料理 桃源（2016年閉店）
手柄ポート（2018年閉店）

発見

心にいつもきらいな食べものを

レーズンサンドはいつも美味しそうだ。

でも私はレーズンが大嫌いなので
小川軒にしろ六花亭にしろ美味しく食えないことは明白。
だから買ったこともないし、貰っても嬉しくない。

いわばレーズンサンドの美味しさは、
私が私でいる以上手の届かないもので、
だからこそ余計に
それを愛する人にとって
どんな味がするのだろう、
どんなに幸せなのだろう、と気になってしまう。

きらいな味があれば
想像力に終わりが来ないので楽しいです。

発見

散財レストラン

Libertable（リベルタープル）

わざわざ出掛けた本屋が臨時休業で、
思った以上に暑いのに厚着するから
きもちいいはずの春を無駄にして、
入ったカフェは30分待ち、諦めて、
体調、下向いて×。

このままでは精神的にお隠れになるのも時間の問題だと
表参道をうつろな目で徘徊する午後2時。

そこに飛び込んで来た
レストラン「リベルタープル」の文字。
大理石のサインにひるむことなく　I just jumped into リベルタープル　勢いまかせ

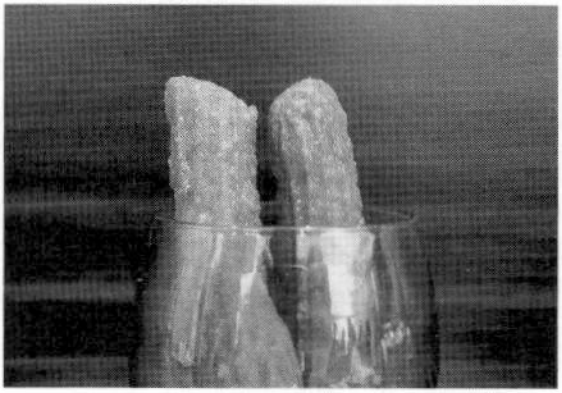

ふきのとうのチュロ

ほろ苦い、奥の方から甘みがつたってきて…はあ、目覚める
うかうかしてる場合じゃないぞという宣言

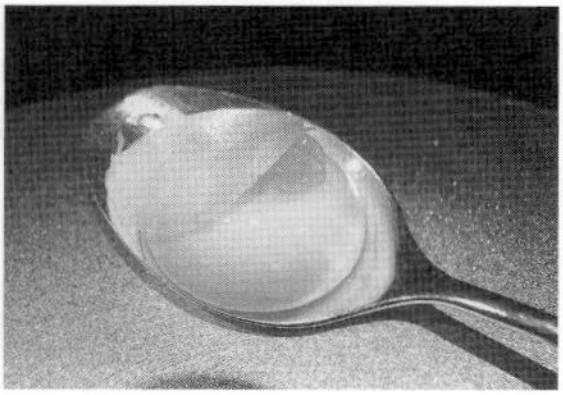

蕪《かぶ》と金柑《きんかん》のスープ

ひとおもいに弾ける　蕪と金柑とオリーブオイルの一閃

緑の泉 アボカドのムース、柚子胡椒
（※リベルターブルのシェフはパティシエ
パティシエならではの技法を使って料理を構築するのが特徴）

シェーブルチーズとオレンジコンフィチュールのマカロン
ジャガイモのチップス

完璧　完璧です

全皿載せてないけど
3900円のランチ

ちいさな散財がしたくなったら、
迷わずレストランの門を叩こう。
必ず新しい世界に連れ出してくれるし、
いつの間にか埃をかぶる雑貨より、消えてなくなる料理はすがすがしい。
それに、孤食女子に対して驚くほど優しく気遣ってくれる点など、
とても嬉しいものだよ。

体調、上向いて◎。

（追記）
南青山より赤坂へ移転し、現在はパティスリーブティックとして営業中。

おかえりなさいフレーバー（パンの話）

フレンチの巨匠ことジョエル・ロブションさんにインタビューをしたとき、突然彼は厨房からバゲットやらクロワッサンやらを2つ3つ持って来て「本物のパン」とはなにか教えてくれた。彼はバゲットの両端を持つと「バゲットの歌を聴け」と言いながら、ばりばりとちぎりだした。本物のバゲットは、えらく香ばしい悲鳴をあげた。それから、本物のクロワッサンは、両端を引っ張った時にしゅるしゅるとほどけるようでなくてはならない、と教えてくれた。いわば半生《はんなま》。つまり外がザクリと弾けたあとに、なめらかなバター香いっぱいのやわらかい生地が舌に溶けるのが本当で、大概の日本のクロワッサンは焼け焦げていると言った。世界がグローバル化し、日本人シェフがフランスでミシュランを取るような時代になっても、我々は未だに焦げたパンをありがたがっていたのか…。1968年『女たちよ！』の伊丹十三氏の「パンによる一撃」から40年以上が経っているというのに…西洋への憧憬と誤解を重ねる感覚を生々しく感じてうっとりした。

クロワッサンがザクザクするだけのパンではなかったことを知り、いっそうクロワッサンに興味を持った私は食べ比べをしてみることにした。いくつかのクロワッサンを買って来て、同じテーブルの上に載せて順番に食べる。前に、私が「綾鷹」を買って恋人が「お〜いお茶」を買って、それでごっちゃにして飲んでいた時、綾鷹がトマトの味がすることに気づいてしまったように、味の違い、それぞれの個性は同時空間で味わうことで顕著になる。かくして横並びのクロワッサンたちは、パンラボの人が言うところの「それぞれの魅力をひそやかに語りだし」、私のパン経験値は少々上昇した。

ある日の大学で私は腹をすかせ購買部にいた。2限の出席に間に合わないということで、渋谷のデパ地下でランチをこさえるのを諦めたこともあってご機嫌ななめだった。購買部の冷蔵ケースのうなり声と醒めたブルーライトの下で、なぜか袋入りのきゅうり棒なんかのグロテスクな緑が並んでいることにうっとうしい気持ちになり、袋に入った食品の類いにはもう一生近づきたくないと極端な思想を描いたりした。唯一袋に入ってない食品といえば、購買部の奥のパン屋さん（手作り）くらいで、芋もちボールとか、カレー味のナンとかどれも嫌みのない青春の味がするただのパンを150円くらいで買える。その日はなんとなくきなこ揚げパンを買った。

銀杏の落ちる秋だった。ビニールをずるずるとめくり油と砂糖でキラキラとした野暮ったい茶色のパンにがぶりとかじりつく。

「おかえりなさーい」
はい？　まじ、誰!?

それはパンの声だった。しかも大勢の子供の声だった。
揚げパンの味が、言葉に変換されて胃よりも先に脳に響いていた。
しかも「おかえりなさい」というあたたかすぎる挨拶だ。
全身がふやけてイーストの海に沈んでいきそうだった。

ああなんか、ロブションさんもパンラボさんもごめん。
パンには極上パンとか絶品パンとか粉の挽きとか配合とか色々あるかもしれない。
けど結局は近所のパン屋に感謝すればいい。
それがパンというものなんだ。
パンパカパン♪

発見

棒付きアイスの特権

棒付きアイスほどクライマックスに集中しなくちゃいけない食べものはない

気休め／私のミルクホール

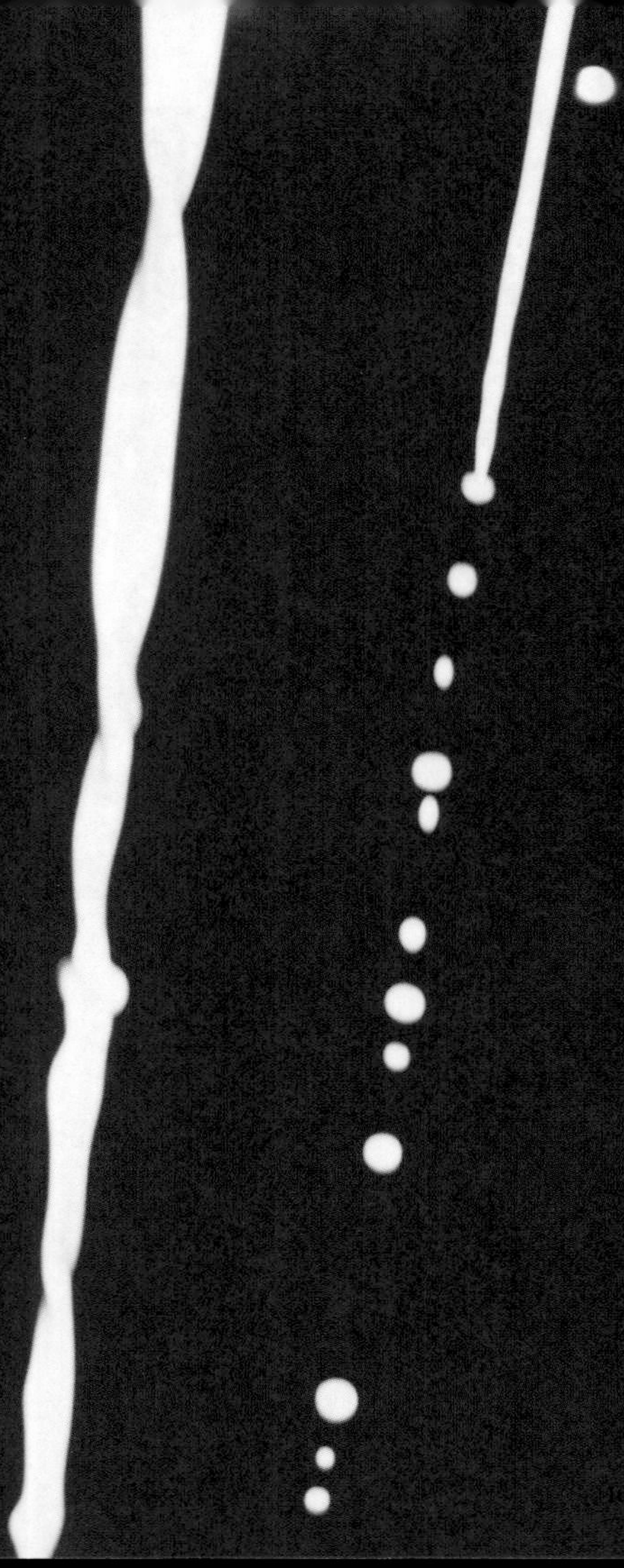

夜にミルクを縫い止める、ありふれた粒子が星になる

発見

食を愛せるか

小さい頃、突然足が炭酸のようにシュワシュワとなる現象に悩んでいた。ある時母に相談してみると「足がしびれてんのよ」と教えられた。「これがしびれてるってやつか」と、その時はじめて感覚と言葉が一致した。内側の感情と、外側に出て行く言葉の整合は人それぞれだと思う。「お腹痛い」と「気持ち悪い」を勘違いしている人もいるはずだ。

私の場合「大好き」という言葉はしっくりくる感情を心得ている。瞬間的な高揚感や嬉しさは「大好き」にのせると誤解なく伝わる気がする。でも「愛してる」は難しい。どんな感情に適切なのかよくわかってない。私は飲食至上主義者だけど、それでも「食べるの大好き！」という表現の方がしっくりくる。

先日、花園神社の見せ物小屋でアマゾネスぴょん子ちゃんが、生きた鶏を食いちぎる芸を披露した。観客は絶叫した。人が鶏を食べるまでのプロセスを無理強いで跳躍したのだから当然だ。それはまるで命を食べることの残酷をデフォルメしたような光景だった。

命を食べる。その過程は決して明るくない。問題もある。ぴょん子ちゃんから目を逸《そ》らす私には、漂白された食卓を喜んでは「大好き」とはしゃぐ短絡的な感性が浮き彫りになっていた。きっと「愛する」ってずっとしんどい。例えばそれは食べ物が来た道のすべてを受け止めることなのかもしれない。

発見

申し訳程度に出てきたランチサラダ

申し訳程度に出てきた1000円ランチのグリーンサラダを集めて
東京のアスファルトを埋め尽くすんだ〜

発見
どう考えても露骨にエロイ
食べもの（dancyu の見出し抜粋）

でいい気分とんた

虹色「ジャム」の輝き
アツアツの肉汁ほとばー
鶏の唐

の玉の輿
香り馥郁そば
ナポリタンをめぐる大冒険
カラッとしてジューシー、絶品メン

の歌声
出来立ての直送がやっぱり一番
「パフェ」の甘いささやき
昼夜楽しむTOKYO飲茶
食を彩る

クリームコロッケ
ホッコリかぼちゃの黄色い誘惑
やわやわの「茶碗蒸し」
純真無垢な

食堂「味の競演」
「モツ五輪」
焼きたて「ピザ」の悦び
夏の快楽、生ビール&

とき」は煮てこそ旨い
幸せの黄色いオムレツ
すき焼きの喝采
餃

華も和食も、角煮と麺は相思相愛の仲である
「あんみつ」の甘い宝石箱
極彩色の美味三昧。タイは辛くて酸っぱくって甘

出来たての“ザクサク”に拍手喝采！
クリームたっぷり、「モンブラ

ーハン大作戦
「お茶漬け」の清雅
韓国が誇る美味華麗な雑炊“ク

よいお米、おいしいご飯
僕の“最後の晩餐”にはカレーを与えたまえ
情熱

みじみ熱い「かぶら蒸し」
ふわふわ美味しい「シフォンケーキ」
輝く金のしずく「はちみつ」の真価

り「夏の和菓子」
男と女と味噌汁と
しゃぶしゃぶの

ロール、リコッタチーズのタルト、そしてティラミス
果汁がしたたる、日本一の初夏の味
軽やかなヨーグルトのお菓子をつくろう
快刀乱麻のチャ

の夜の情熱「グラタン」

ツアケーキ夢見心地
ずっとカレーが好きだ

とろける誘惑。本格“ダンシチュー”
風味芳し「新海苔」の味わい
焼肉で五

発見

閉店の悲しみ

ケーニッヒのホットドッグが食べたくて
吉祥寺へ出掛けた。

それから、斜め前のドナテロウズに寄った。
ドナテロウズは、隣のいせやが建て替え工事をする影響で
5月に閉店することが決まっていて、
これが最後だと思うと、悲しい。

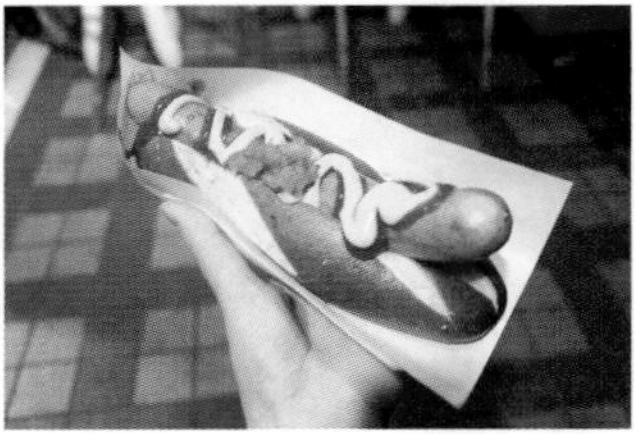

という人もいるかもしれないが、私は初めて来たので悲しくない。
そこにある悲しみは、この店で何かしらの時を重ねた、限られた人だけのものだ。
ただ、座るだけで視力が回復しそうな緑の窓は、
全日本窓の店際選手権で必ず入賞するレベルの素晴らしさで、
初めて見た私のようなニワカ人間にとっても、
それが失われてしまう胸の痛みが少しだけならわかると思った。

いせやも6月末で建て替えだからと、ものすごく混んでいた。

いせやに来たのは2回目で
写真を撮っている人がたくさんいたから私もそれに、混ざった。

解散しても音楽は聴けるし、画家は死んでも絵は残るけど、
レストランばっかりはそういうわけにもいかなくて。

みんなの心はいったりきたり。

なくなることが本当に悲しいという店が
いつか私にもできるのだろうか。

さよならだけが人生、か。
長く生きると辛いことが増えるね。
嬉しいことはそんなに多く増えないような気がした。

（追記）
ドナテロウズは2012年5月23日に閉店、いせや公園店は2013年9月11日にリニューアルオープンした。

発見

スーパーマーケットファンタジー

タウンマーケットミヤタヤ

通りすぎれない

やばさが　とめどなく外へ向かって溢れている

商品が客をちゃんと見てる

かっこいい
普通のモノばかり売ってる

ぴっっっっっったり

お弁当みたい

「この店の陳列なんか変ですよね…?」
「いいとこに目つけましたねえ、什器《じゅうき》全部カスタマイズしてますから」
(店員さんに一番言われたい魔法の言葉)
(「いいところに目をつけましたね」)

日本一かっこいいスーパーマーケット（暫定）
タウンマーケット　ミヤタヤ　下北沢

ごはんは土足で上がり込む

SAjiYA（サジヤ）

お腹がすいて、
近くのレストランに行って、羊のソーセージを食べた。
それがあまりに美味しくて、

コックさんが、
「嘘つけないでしょう」といきなり私に言う。
「だって食べながらニヤニヤしてるんだもん。
1人なのに」

私は嘘もつくし、わざと笑ったり　わざと泣いたりもする。
でも。

そっか。だから、食べるの大好きなんだ。
私が何より素直でいられる時間、
それが、ごはんを食べてる時だから。

気づいたらごはんは「どうもね～」って感じで私に土足で上がり込む。
そんなことさせる気ないのに
のど元を通り越して胃に落ち着く頃には
心がパカーッとなっちゃってる。

カウンターに座っていた、たかだか1時間、
心の中全部透けちゃったみたいで、
嬉しいような、心細いような、
なんか、ちょっとだけ、ほんとに泣いちゃいそうだった。

発見

アイスキャンディーの食べ方

PALETAS（パレタス）

みかんひとつ手渡されるより
ガツンとみかんの果肉とも言えない小さな果肉の方が
ありがたいように

果物がやたら尊い
PALETASのアイスキャンディー

アイスキャンディーは陽《ひ》に当てて食べるから
ジューシーで余計においしい
右手がベタベタになるからってなんだ
ベタベタになってこそウェットティッシュが気持ちいいんだ

（追記）

現在、パレタスのバー（木の部分）には
ロゴが入っている。

発見

三角のケーキをなぎ倒したいのと同じで

マカロン

つぶしたい…

つぶしたい…

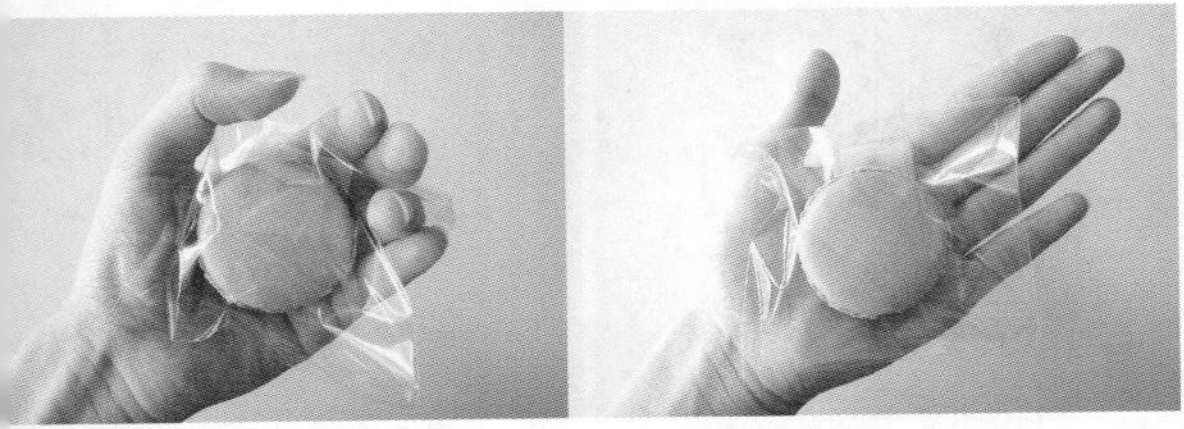

うわあああああああ

スッキリ

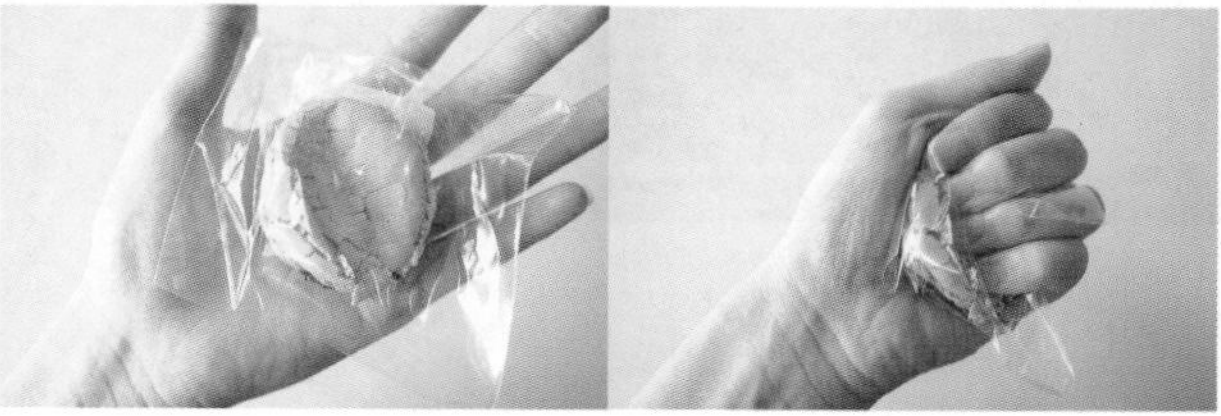

たまには口腔内でなく
手のひらのうちに破壊してみよう
（撮影後は平野紗季子が大変おいしく
いただきました）

発見

レストランの穴

龍《りゅう》の髭《ひげ》

渋谷の私の好きな穴

☞これは福岡のお菓子屋henry & cowell

なんかいつもシャカシャカやっており
案外愛想もいいみなさん
（料理人の手捌《てさば》きのみを映したＤＶＤが欲しい）

渋谷センター街　台湾料理麗郷《れいきょう》の姉妹店のようでそうじゃない龍の髭　明るい厨房
見学自由

（追記）２０１４年３月閉店。

発見

カレーなイリュージョン

銀座古川《ふるかわ》

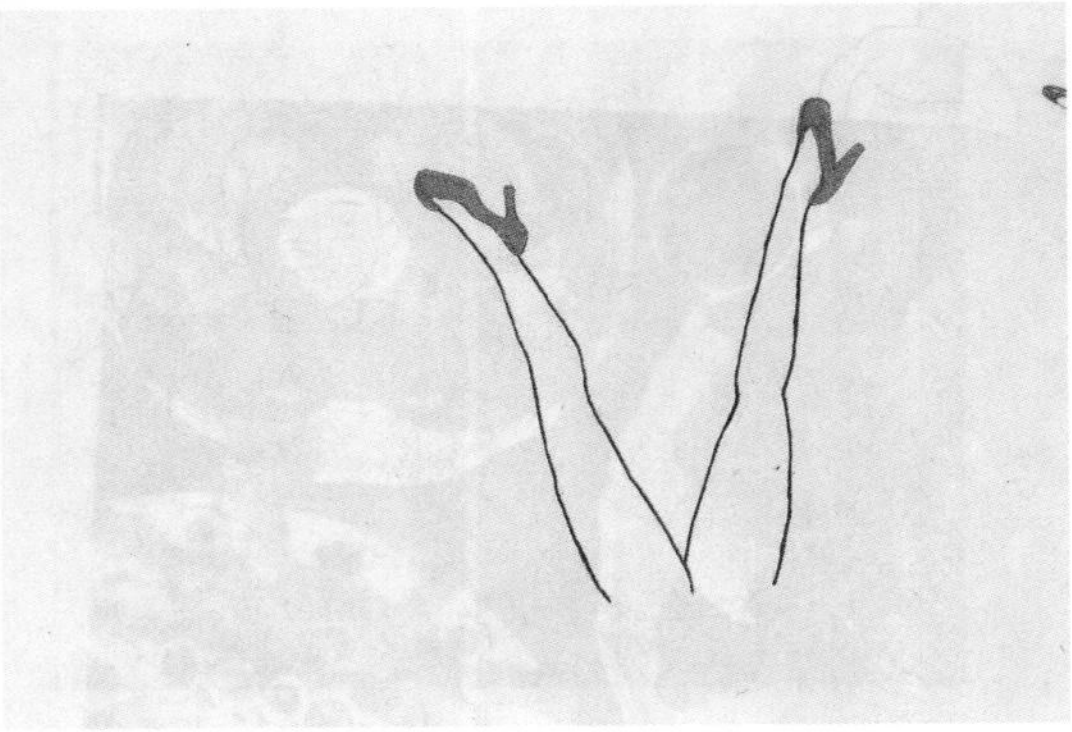

カタログ

食はあらゆる文化的刺激を受けうるメディアなのだ。

『アイスクリームの国』

アントニー・バージェス著（長田弘訳、みすず書房）。研究家たちが降りたのはモンテ・ピスタチオにチョコピークが連なるアイスクリームの国…って小さい頃お菓子の家に住みたかった憧れ全開世界…なのに不穏なストーリー展開はなるほどアントニー・バージェス（『時計じかけのオレンジ』著者）。

あさり

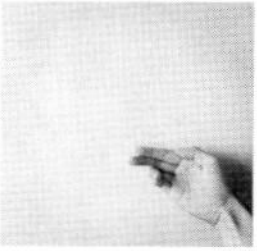

味の素 食の文化ライブラリー

全部ごはんの本（4万冊）奇跡の図書館。第二の故郷。

アーティチョーク

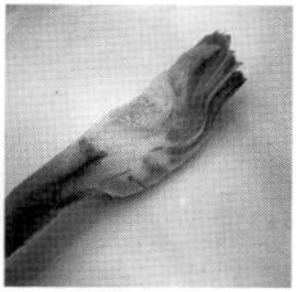

野菜界のCy Twombly。味もトゥオンブリっぽい（またしてもカタカナの限界…）。

いろいろな学会

食の専門家による学会やシンポジウムに行くのが楽しい。一般人が参加できるものも多い。全日本・食学会によるシンポジウム「うま味はスイーツを変えるか？」（2013年10月23日 東京）は、すき焼きが料理でみたらし団子がデザートだと認識される理由を科学者が解説してくれた。

ウォータークーラー

小学校の頃ウォータークーラーが好きだった。きれいな弧を描いて水が飛び出すし、ペダルとかボタンがいろんなとこにある。こないだ四谷の駅で久しぶりに飲んでみたら、生ぬるいし不衛生な感じで最悪だった。いろいろなことが変わってしまった。

うどんそばスニーカー

NIKE iDで作った。届いたらおそろしくかわいい。

『おいしさの表現辞典』

川端晶子著・淵上匠子編（東京堂出版）。文学作品や新聞記事から食表現が約3000例集約された本。YouTube っぽくびゅんびゅんいろんな人の味をさらっていける。同じすき焼きの項目でも、『ノルウェイの森』で神妙に鍋をつつく側で、嵐山光三郎が「ジャンッという音が鍋に響き、牛肉が身もだえるように煮えた。…う、うまい！」といって、肉をかっくらっている。味は、どうしたってひとりひとりのものなのだ。

『おだんごぱん』

ロシア民話（せたていじ訳、福音館書店）。ラストのきつねの表情。あんなにおいしそうにものを食べる顔を他に知らない。ものを喰うことの罪と快楽が滲み出たおいしいの顔。

オモテくん

表参道駅構内のヒロタで出会える限定品。まびかれた不良シュー生地に命を吹き込んだ（と思われる）、シュークリームゾンビ。

～今日のオモテくん～

からすのパンやさん一家

オリジナルトートバッグ

『からすのパンやさん』から40年の2013年に発売された4冊の続編を全部買うと応募者全員大サービスでトートバッグがついてきた（かこさとし〈2018年逝去〉、やりとげる人だ）。小さいバゲットとあんぱん3つとミニクロワッサンにちょうどいいサイズ。

カルピスバター

カルピスバターのこと信じてる人、みんないい人。

『ギィ・マルタンの芸術』

ギィ・マルタン著（スーパーエディション）。パリの老舗フレンチ〝ル グラン ヴェフール〟現料理長のレシピブック。原寸超えの料理写真、過剰な仕掛け、クリストフルのお箸つき。バカバカしいけど、全然バカにできない。食表現の限界に挑む気迫が伝わる、やりきってる。なんとも重みのある一冊（具体的にも）。

喫茶店

喫茶店のない文化で育った私の喫茶愛好は、カフェ巡りに飽きた頃から始まった。カフェは〝私たち〟のための店だったが、喫茶店では全然相手にされない。それが心地よかった。でもそこにある懐かしさや安らぎは誰かの受け売りで、自分の内から生まれたものじゃない。だからカフ

ェを手放した時のように、いつか飽きてしまうかもしれないと思うとすでに寂しい。

『仰臥漫録』

正岡子規著（角川ソフィア文庫）。死期迫る最期の日々が綴られ、毎日の献立の隅に「食わぬ」「食わぬ」「うまくなし」という言葉が続く。人はものを美味しく食えなくなったとき、死ぬのかもしれない。

『京都の中華』

姜尚美著（京阪神エルマガジン）。ただのうまい店案内じゃない。京都独特の中華料理、そのおぼろげな生態をじっくり解き明かしていく。読めば必ず味わってみたくなる。ここに書いてある京都の中華を自分の舌で実感したくなる。

切り身ちゃん

この子に普通の鮭にできないこと色々やらせたいと思って買った。等身大なサイズがよい。最近、サンリオに「KIRIMIちゃん.」というキャラクターがいることを知った。私はトレンドセッターなのかもしれない…。

～切り身ちゃんとの日々～

切り身ちゃん本物と間違えられてカフェで皿渡される事件（皿を得た魚）

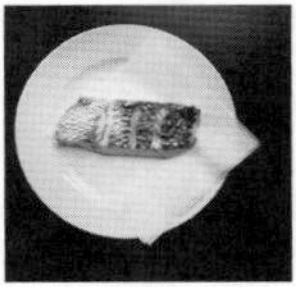

美術鑑賞からアルプス登山まで

こだわり板チョコ（海外）

マストブラザーズチョコレート。かわいいし進化してるけど、どうしてもbean to bar 系のチョコを食べると口が歪む。私の味覚は明治の板チョコに支配されているのか…そんな保守舌を憐れんでか、ナッツやフルーツまみれのチョコがやってきて、お嬢さんこれなら食べられるんじゃないですかって言う。「Dick Taylor」の「Black Fig」は、いちじくの甘さが苦みを緩和。イタリア「DOMORI」の、紅茶葉を混ぜ込んだ「コクリコグルマン&チュアオ70%」も、茶葉とカカオの香りのバランスが絶妙。私、成長した！　舌がすこし広くなった。

「コックと泥棒、その妻と愛人」

ピーター・グリーナウェイ監督（ユニバーサル・ピクチャーズ・ジャパン／DVD）。どうも食べものの映画は、ほんわか作品が多いけれど、これは終始刮目《かつもく》せざるを得ないサスペンスがある。色がすごい。ラストシーンが最狂。

（いけてる）ショップカード

海外のやつ

日本のやつ

bluebird
五六島
Stumptown Coffee Roasters
Levain
ルヴァン
look mum no hands!
THE SMILE
DEMEL
RISTORANTE ASO
cookbook
SINCE 1967
HENRI CHARPENTIER
GINZA
The Park
ROMAN'S
CAFE GITANE
COFFEE
台湾料理
麗郷
Marlow & Sons
FIRST QUALITY
OYSTERS
CONFECTIONERY
SPIRITS
BY BROADWAY
WILLIAMSBURGH
ING TORI
ri.com
TORi

食パン椅子

平野紗季子は食パンの夢を見るか？ 見る〜！ そしてニトリの食パン椅子に座る〜！ その上で、たいめいけん初代料理長・茂出木心護《もでぎしんご》による『洋食や』の「トースト」の章を読みふける〜！ 世界の食パンの中心がここにある!!

『食物漫遊記』

種村季弘著（筑摩書房）。食は想像力の媒介物だって堂々言い切る勇気を貰った。

『スペインの宇宙食』

菊地成孔著（小学館文庫）。まじずるい。専門家が何度も取材と考察を重ねて編んだ文章よりも、その店に行ったことのない人間の無責任な妄想の方が、ずっと魅力的だってことがあるなんて。

Swallow Magazine James Casey

いけてるフード雑誌 from ニューヨーク。編集長の経歴：born in Hong Kong → NY へ／wallpaper や New York Times で頑張って働く／2008年 美食家未開エリアの食を、旅と絡めて一冊にまとめる *Swallow Magazine* 創刊／いまにいたる／このひとしっかりしてるし楽しそう。

炊き込みごはん

炊き込みごはんの地位は低く見られ過ぎだと思っている。主食と副食が渾然一体《こんぜんいったい》となった美食にもかかわらず、いまだ、白米と同じレベルに留まっている。おかしい。焼きそばやスパゲティのように、それ単体で食事として成り立つはずだし、調理もおどろくほど簡単だ。お釜をパカッと開けた時の湯気の幸福は他に代え難い副産物でもある。とりわけ、分とく山の野崎さんレシピ（『野崎洋光が教える「分とく山」のごはん料理』世界文化社）はおいしい。この一冊ですべてが事足りる。

『食べごしらえおままごと』

石牟礼道子著（中公文庫）。この序文がすごい大賞（もしあれば）受賞。

知育菓子

またの名をサイバー菓子。代表作「ねるねるねるね」をはじめ、甘い粉からお寿司やカレーが作れるキットを販売。お気に入りは2000年代に美食界を賑わせた〝分子ガストロノミー〟の技法が楽しめる、アルギン酸ナトリウムを使った「どどっとつぶぴょん」。開発担当者は子供たちから博士とよばれているらしい。

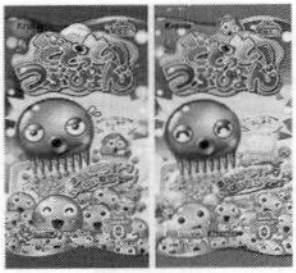

中心主義の食べもの

中心主義的ガレット、放射状のパリ。「えーフランス料理は、大変中心性の高い料理ですよね」と伊丹十三が（都市論について槇文彦とフレンチを食べながら語る本『フランス料理を私と』で）言ってた。他方、ロラン・バルトが「すき焼きには中心がない」――日本料理には中心がない…と『表徴の帝国』で言ってた。外国人は目のつけどころが違うな。だから『英国一家、日本を食べる』（亜紀書房）は面白くて人気なんですな。はあ、一体なんの話だ。

季刊「デザイン」1976年・秋15号〈食特集〉

美術出版社。こんなに興奮した雑誌はないよ。多木《たき》浩二《こうじ》の「食の空間」考察にはじまり、ポップアートにおける食表現を日向《ひゅうが》あき子が深掘りし、浅葉克己《あさばかつみ》や倉俣《くらまた》史朗《しろう》が「私の大好きな食べ物」をテーマに意味不明なアート作品を展開。土屋耕一の「味

だって眼に見えるのだ」は傑作。ほぼみんな死んでて悲しい。

『天食』

泉昌之著（晋遊舎）。天食の人たちはラディカルグルメだ。「平野！　間違いなくおいしいというものをひょいひょいつまんでみるなんて本当の探求じゃないんだあ!!」って叱られてる気分になる。

トースト犬

「ストーブの側でほげーっとしてたんです、気づいたら焦げてました」。あほか。

Todd Selby

写真家でイラストレーター。著書の*Edible Selby*は食べものの世界の切り取り方がとんでもなく素敵で憧れる。日本の居酒屋から世界一のレストランまで隔たりがないし、全然偉そうじゃない。感性はコピーできずともせめてセルビー風のへたうまな絵が描けるようになったらいいと思って練習をした。

絶望した。

とらやの紙袋

「とらやの紙袋を持つとアガる」というのは古来より日本のガールが信じてきたひとつのおまじない。だから私はあの紙袋を模したトートバッグをつくりたい。丈夫な漆黒のコットントートに金色でとらの刺繍を6匹縫い上げた逸品を毎日肩からぶらさげたい。

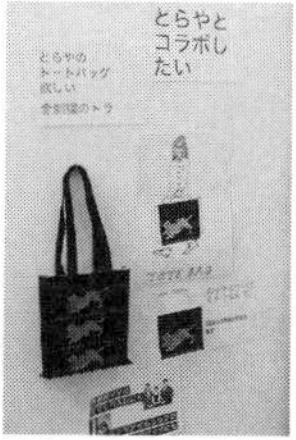

「人間は何を食べてきたか　8巻セット」

高畑勲・宮崎駿（出演）（NHKソフトウェア）。食べもの

と遊んでばっかじゃわからない切実な食の姿が映ってる。ジャガイモ、米、麺…あらゆる食文化のルーツを淡々と巡る。よく作業しながらかけ流しにしてる。

『のらくろ喫茶店』

田河水泡著（復刊ドットコム）。軍隊を離れたのらくろが結婚して喫茶店を開業する話。どうでもいいはずの一言に癒されたり勇気づけられたり。喫茶修業中ののらくろの勤務態度が悪すぎておかしい。

排気口の匂い

私くらいになると「アヒルストア」の排気口の匂いだけでもいい。トマトとスパイスの香りが漂うだけで気が遠くなる。魚籃坂の豆大福「松島屋」のあんこの甘いのもいい。小学生の時は自由が丘「SHUTTERS」のスペアリブの匂いが大好きだった。

『バルト、〈味覚の生理学〉を読む 付・ブリヤ=サヴァラン抄』

ロラン・バルト著（松島征訳、みすず書房）。美食家ブリヤ=サヴァランの大著『美味礼讃（味覚の生理学）』にバルトがツッコミを入れまくるエッセイ。『美味礼讃』は美食の歴史的古典のはずが、バルトは〝衒《げん》学《がく》的な俗物〟とか〝情報量ゼロ〟とか手厳しい。たしかに、サヴァランは想像力が奔放すぎて「砂糖が果物の保存に適してるから、未来には砂糖が死体保存に有効になる」なんて言い出すので「それ死体ジャムじゃん！」とバルトに呆れられたりしている。

『はれときどきぶた』

矢玉四郎著（岩崎書店）。主人公・畠山則安のお父さんが食べる〝鉛筆の天ぷら〟がとにかく美味しそう。バリバリしてて凄かった。

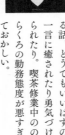

ヒロタのシュークリーム

ヒロタのシュークリームが美味しく思えなくなったら、私は大人になってしまう。

『貧乏サヴァラン』

森茉莉著・早川暢子編（ちくま文庫）。一行目で、死んだと思った。心の師匠。絶対の一冊。「楽しむ人」の章はすべての乙女が読むべきだ。

vesta

味の素食の文化センター。「1962年の食」とか、「花を食べる」とか、マニアックなテーマばかりの食文化雑誌。「タモリ倶楽部」みたいに、昔のレシピを再現するコーナーが好き。学者の執筆が多い。

『変なお茶会』

佐々木マキ著（絵本館）。変な大人が世界中から集まって岩山から湧き出るココアを飲むというそれだけの絵本。私もお茶会に招かれる日を夢みて育ったけど、まだ招待状が来ない。待ち続けるのも悔しいので最近は自分で勝手にお茶会を開いてる。

ボニーさんの古本屋

ニューヨークのEast Villageにある「BONNIE SLOTNICK COOKBOOKS」は、料理の本が詰まったボニーさんの古本屋。「この本の表紙の人は当時のTVスターで…」なんて言いながら一つずつ愛おしそうに手放していくのでお会計の時間には余裕を持った方がいい。

『ポテト・ブック』

マーナ・デイヴィス著（伊丹十三訳、ブックマン社）。やな感じの書影。引きつけられる。と思ったら矢《や》吹申《ぶきのぶ》彦《ひこ》さんの絵なんでした。それでページを開くとカバーのところに本の紹介文が書かれていて、これがも

うずかずか土足で上がり込んできて心の中ポテトだらけにして去っていくような強い文章。気づいたらページめくってるし。ポテト最高ってなってるし。

マッキー牧元

食の雑誌パラパラしてると突然熱っぽいのに論理的な文章が飛び込んできたと思うと文：マッキー牧元。食を手段にしない人。純粋な愛で向き合う人。自分が粗食の日でも「マッキーさん今日なに食べたかな」と思うと豊かな気持ちになれる。

昔のグルメ本

昔のグルメ本を読んで、今も現存する店に行くのが好き。1967年に誕生した『東京いい店うまい店』（文藝春秋）は通読すると、「いい店」の変遷がなんとなくわかってくる。「すかいらーく」が載ってる時代があって驚いた。

『もの食う人びと』

辺見庸著（角川文庫）。バングラデシュの残飯マーケット、フィリピン少数民族の食文化崩壊、チェルノブイリの食卓…。私は食の暗部には目もくれず、スポットライトの当たった皿の上ばかりに拍手を送り続けて、それを「食と向き合う」だなんて言ってたんだろうか。

ヤクルト

ヤクルト飲む時上向いて気づく電灯の埃。ヤクルトには上を向かせる力がある。

雪舟えま

歌人。「見えますか食べものを出しっぱなしのテーブルあれが北海道です」「きょうもまた暮らせたことを樹氷からぱきりともいだ冷凍うどん」「うれいなくたのしく生きよ娘たち熊銀行に鮭をあずけて」…天才だ。

「ユリイカ　2011年9月号〈B級グルメ特集〉」

青土社。B級グルメは変だ。食に美学を求める〝グルメ〃を掲げつつ、自ら格下を名乗る…と思っていたら、ユリイカが特集してた。知識人の考察が面白すぎて赤線を引きまくって読みづらい（後悔）からもう一冊買った（貢献）。「食を通して思考する」ことのきっかけになった本。

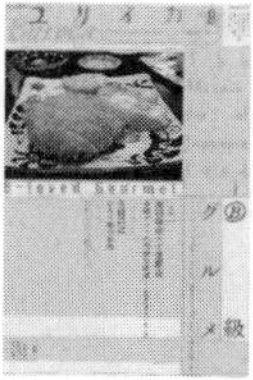

『洋食や』

茂出木心護著（中公文庫BIBLIO）。冒頭の「トースト」の章は人生で一番うれしくなる随筆です。

『ヨーロッパの味』

辻静雄著（保育社カラーブックス）。カラーブックス（集めても天国にいけるわけじゃないのに）集めちゃう。これは著者が辻静雄先生（32歳）。〃行き当たりばったりでなく、優れた専門家に紹介してもらってるから、私は本当に美味しい店にしか行ってない〃っていう偉そうな態度が最高。

ラベンダー味

シフォンケーキの丘で一輪のラベンダーを摘むような、ささやかで華やかな味のお菓子が好き。コネチカット州のクッキー屋さん「Savor」のLavender cookie、お菓子研究家・福田里香さんのラベンダーレモネード、エキュレで食べたラベンダーブリュレ。あまり見かけないので、出会えて美味しかった時はとても嬉しい…と思っていたらスタバのメニューにもラベンダーアールグレイというのがあるのね。あまりに身近で、しかも美味しいので、ちょっと複雑。

冷蔵庫のダミアン・ハースト

いいえ、たらみです

『レストランの誕生 ——パリと現代グルメ文化』

レベッカ・L・スパング著（小林正巳訳、青土社）。「レストランはフランス革命直後にパリに出現した」という定説（私も大学の講義で、そう説明された）をまず否定する冒頭にわくわく。美食列伝ではない、社会学者の歴史の読み解き方に興奮。

『檸檬』

梶井基次郎著（新潮文庫）。レモンやれもんやLemonは関係ないが、檸檬だけはこの小説から逃れることができない。檸檬とは何か。その答えは栄養学でも植物学でもなく、この小さな短編だけが知っている。まだ読んだことのない人が羨ましい。初めてこの作品を読んだ時の衝撃をもう一度味わいたい。しかもこれ、キンドルで無料で配布されてました。おそるべき時代だ。

レモンパイを売る店レモンパイ

田原町にレモンパイが名物のレモンパイという店がある。おいしくて値段も健気だが（２５０円）、店名が率直すぎる。一緒に売ってるチョコやイチゴのケーキの立場はどうなる。調べてみると、西立川にはフライドチキンを売るフライドチキンという店があるという。店名と名物が同じ店を巡る旅がしたい…と閃いたがさらに調べると、五反田にカレーが名物のうどんという店があることがわかり、ちょっとどうしたらいいかわからない。

（追記）現在は３００円。

和菓子の呪い

バースデーケーキのネームプレートだけがどうしてもおいしくない事件がよく発生するが、これは誕生日を祝うことを許されない和菓子の呪いである。

感謝

店たち

登場してくださった皆様にいま一度大きな拍手を…！

ASTERISQUE（アステリスク） 東京都渋谷区上原1-26-16 タマテクノビル1F P.16 ｜ホットケーキパーラー Fru-Full（フルフル） 東京都港区赤坂2-17-52 パラッツオ赤坂1F P.19 ｜銀座凮月堂《ふうげつどう》 東京都中央区銀座6-6-1 銀座凮月堂ビル2F **カメオブローチみたいな看板がかわいいよ** P.20 ｜CENTRE THE BAKERY（セントル ザ ベーカリー） 東京都中央区銀座1-2-1 東京高速道路紺屋ビル1F **6000円くらいのカツサンド食べたらちょっと恥ずかしいけど美味しいよ** P.20 ｜noma（ノマ） Refshalevej 96, 1432 København K, Danmark **せっかくコペンハーゲンまで来たらゲラニウムって店もおすすめ** P.24 ｜Woodsman Market（ウッズマン マーケット） **あのスタンプタウンがやっているグローサリー。ポートランド・ライフスタイル！ 現在は閉店** P.30 ｜ベジタリアン新橋本店 東京都港区新橋2-16-1 ニュー新橋ビル1F **ニュー新橋ビル楽しすぎる混沌何も見渡せない屋上萌え** P.55 ｜AU BON VIEUX TEMPS（オーボンヴュータン） 東京都世田谷区等々力2-1-3 **土日に行くと築地市場みたいにケーキが飛ぶように売れていく** P.58 ｜The OkuraTokyo オークラプレステージタワー5階「オーキッド」 東京都港区虎ノ門2-10-4 **旧本館「オーキッドルーム」の卵焼きのようなフレンチトーストも絶対の一品** P.58 ｜FRUCTUS（フラクタス） **2017年に閉店** P.58 ｜三日月氷菓店 千葉県柏市柏1-5-5 谷澤ビル2F P.60 ｜LONG TRACK FOODS（ロング トラック フーズ） 神奈川県鎌倉市小町1-13-10 鎌倉市農協連即売所内 P.62 ｜珈琲専門店エース 東京都千代田区内神田3-10-6 **日本一字の綺麗な店主（兄のほう）の喫茶店** P.66 ｜佃權《つくごん》 東京都中央区築地4-12-5 **ネクストパンケーキははんぺんに決まり。2017年で製造販売終了** P.70 ｜Escribá（エスクリバ） Rambla de les Flors 83,08002 Barcelona, Spain **エスクリバの爆発するケーキ（動画）も必見（アラキミドリ的な!?）** P.78 ｜スターバックスコーヒー **スタバで好きな珈琲は何ですか。私はほうじ茶ティーラテ（オールミルク）です** P.84 ｜スヰートポーヅ **スイートなパオズ＝いい餃子が転じてスヰートポーヅ。現在は閉店** P.86

｜コンコンブル この店を見つけたとき渋谷のランチを制したと思った。2021年閉店 P.88 ｜ Mugaritz（ムガリッツ）Aldura Aldea 20, 20100 Errenteria, Spain P.95 ｜ あんですMATOBA 東京都台東区浅草3-3-2 P.120 ｜愛玉子（オーギョーチイ）東京都台東区上野桜木2-11-8 シシヤマザキ氏の「YA-NE-SEN a Go Go」を観てから行こう P.127 ｜松島屋 東京都港区高輪1-5-25 P.128 ｜ June Taylor（ジューン テイラー）2207 4th Street Berkeley, CA, U.S.A. OnlineShopでも販売 P.131 ｜ alimna（アリムナ）岡山県久米郡美咲町安井407 いちご生姜、栗チョコ…たまらなくおいしそうだ P.133 ｜ Muy-rica（ムイ・リカ）実店舗はなく、一部店舗やイベントでのみ購入可能。詳しくはブログを御覧ください。http://muyrica.exblog.jp/ P.133 ｜ Libertable（リベルターブル）東京都港区赤坂2-6-24 1F P.152 ｜ケーニッヒ吉祥寺店 東京都武蔵野市吉祥寺南町1-17-1 擬音語がいちいちはっきりしてすごいホットドッグぱりじゅるさくむちしゃりずるっっ P.169 ｜いせや公園店 東京都武蔵野市吉祥寺南町1-15-8 P.170 ｜タウンマーケット ミヤタヤ 世田谷区代田6-5-25 P.172 ｜ SAjiYA（サジヤ）東京都渋谷区神山町9-17 神山ビル101 P.176 ｜ PALETAS（パレタス）神奈川県鎌倉市御成町15-7 2F P.178 ｜龍《りゅう》の髭《ひげ》 2014年3月閉店 P.182 ｜ henry & cowell（ヘンリー アンド カウエル）福岡県福岡市中央区今泉1-3-11 P.182 ｜麗郷《れいきょう》渋谷店 東京都渋谷区道玄坂2-25-18 P.183 ｜銀座古川《ふるかわ》 神奈川県鎌倉市小町2-12-35大路ビル2F カレーと共に供されるのは、水ではなく気合の入ったアイスティー！ P.184

解説

一瞬と贅沢と想像力

三浦哲哉

平野紗季子が本を出す前から、私はその文章と写真のファンで、ブログをのぞいては、こんなおもしろいことを考えている人がいるんだ！　と驚き、感動していた。『生まれた時からアルデンテ』が単行本として出版されたときもすぐ夢中になって読み、ある媒体の読書アンケート号で「２０１４年上半期の三冊」の筆頭に選んだりもした。そのとき平野は20代前半。若いからすごい、とか、若いのにすごい、というのとはまったくちがう、すでに完成した書き手が出現した、というようなことを熱に浮かされた調子で述べた。

それから八年。私も含むファンの期待に応えて平野は活躍の場をどんどん広げ、いまやこの国のフードシーンを活気づけてやまない存在になった。そしてこのデビュー作は、文春文庫で再刊されることになった。今から数十年後、本屋の文春文庫の棚では、『生まれた時からアルデンテ』の隣に平野紗季子著の著作がずらりと並んでいるのではないか、という未来予想が頭をよぎる。岸朝子の「おいしゅうございます」のようなしぶい決め台詞とスタイルを持った、21世紀フードシーンの生き字引のような存在になっているのではないかと期待してしまう。それぐらいの魅力が本書にはある。

ではあらためて、本書の魅力とは何か。すでに通読しておられる方はじゅうぶんご存知と思うが、ともあれ考えるところを記したい。キーワードは、「一瞬」、「贅沢」、「想像力」だ。

一瞬

「一瞬」は、本書のタイトルに含まれる「アルデンテ」と関わる。一九九一年生まれの平野にとって、パスタは初めからアルデンテの茹で加減がおいしいと感じて当たり前だから、ナポリタンのあのあえて柔らかくした麺ばかりを偏愛する態度に、異議を挟まずにはいられない。表題エッセイはそのような論旨で、ナポリタン礼賛論を再検討する。旧世代への宣戦布告のようにも取られかねないところだが、よく読めばそうではないことが分かる。ではどういうことか。

本書の根幹にあるのは、食の輝きは「一瞬」にあるという直観だ。麺には麺のピークがある。それは「一瞬」で過ぎ去る。少しずれても食感は変わり、二度と後戻りできない。「アルデンテ」は、食材の生に一度だけ訪れるもっとも幸福な「刹那」の別名なのだ。

平野がどうしても物申さずにいられないのは、「旧世代」に対してでもなければ、ナポリタンという麺料理一般のことでもなく、「一瞬」のかけがえのなさを黙殺する態度（「アルデンテに対する反骨心」）だ。

食べものは消えてしまう。

もうここにないもの。もう私のものでないものになってしまう。（119頁）

だからこそ真摯に「一瞬」と向き合い、消えてしまう前に記憶して言葉で書き留めなければならない。あるいは、写真に収めなければならない。このほとんど常軌を逸した切迫感が、平野のあらゆる文章に通底している。この切迫が伝わるから、頁をめくるこちらの手も止まらなくなる。

贅沢

特筆すべきなのは、「一瞬」への切実な想いが、「もったいなさ」とか「無駄遣いしないこと」を価値付ける平凡な道徳に落ち着いてしまうのではなく、ほとんど貴族的な、消尽の美学へ突き抜ける点だ。「一瞬」で過ぎてしまうから哀しい、というだけではない。一瞬だからこそ美しい、と肯定する点にフードエッセイストとしての平野の非凡さはある。

腐るって優しさなんじゃないか。「生ものですのでお早めにお召し上がりください」。この言葉には神の福音に似た響きがある。未来も過去もない今、目の前にある食べもの。矛盾なく、美しいままで生き抜いて、終わる。だからこそ食は、刹那なほどに光り輝き、食べ手は絶頂だけを心に留めることができる。（57頁）

本書には、庶民生活とはかけ離れた体験も書かれている。けれど、浅薄な「見せびらかし」のスノビズムとは縁遠い。巻末の、平野が影響を受けたものの「カタログ」では、写真家でイラストレーターのTodd Selbyがセレクトされていて、「食べものの世界の切り取り方がとんでもなく素敵で憧れる。日本の居酒屋から世界一のレストランまで隔たりがないし、全然偉そうじゃない」(193頁)とあるけれど、この「偉そうじゃない」態度は本書のものでもある。「偉そう」であることこそがクールだった世代(伊丹十三とか)とはまったく違う、いまの感覚の中に平野はいる。

ただし、角が立たないように振る舞うというのともちがう。「カタログ」には森茉莉『貧乏サヴァラン』もセレクトされているが(195頁)、森茉莉が書く「ほんとうの贅沢」をめぐる姿勢は、平野のものでもあるだろう。

ほんとうの贅沢な人間は贅沢ということを意識していないし、贅沢のできない人にそれを見せたいとも思わないのである。贋もの贅沢の奥さんが、着物を誇り、夫の何々社長を誇り、擦れ違う女を見くだしているのも貧乏臭いが、もっと困るのは彼女たちの心の奥底に「贅沢」というものを悪いことだと、思っている精神が内在していることである。(『貧乏サヴァラン』32—33頁)

「贅沢」をするのに大金は必ずしも必要ではない。ようは、美しいものの価値を、他人の目とか社会道徳などに従属させないこと、潔く消尽して物怖じしないことだ。その姿勢で突き抜けられるひとが稀にいて、そういうひとは清々しい。

ヒロミックス撮影による「私のミルクホール」と題された一連の牛乳の写真は（160―164頁）、「贅沢」をめぐる遊戯的なパフォーマンスである。弧を描く牛乳の白い水滴の列がフラッシュによってフィルムに焼き付けられる、はかない一瞬の形象だ。

想像力

おいしさは「一瞬」の輝きを残して消える。かたちが残る絵画とも彫刻とも映画ともちがい、料理のエモーションはその事実にこそ立脚する。『生まれた時からアルデンテ』は、さまざまな「一瞬」を記述する試みだ。そこから独特の叙情が醸成される。

（…）熟したフルーツのサイズ感は完璧で、ひんやりとなめらかな生クリームが包む。純白の食パンはふわふわと口溶けて泡のように消えていく。（22頁）

食べものは止まっているように見えても、その中では、いろいろな要素がせめぎあっている。動的平衡がある。それを記述するのに必要なのは、食材や調理をめぐる客観的知識以上に、想像力ではないだろうか。ひと皿の中に封じ込められている味や香りと、想像の中で、ともに踊ることのできる者だけが、おいしさを感覚的に言語化することができる。たとえば、「レモンのお菓子」のおいしさは、どう成立しているのか。

味の乗っ取りに関しては驚異的な力を持つレモン。だからこそ、レモンを手なずけたら天才だ。オーボンヴュータンのウィークエンド、天才。ホテルオークラのレモンパイ、天才。フラクタスのレモンコーディアル、天才。サクレ、天才。お菓子の本分である甘味に対してレモンの酸味を果敢にぶつけ、複雑な均衡を経て美味しさを生みだすその業《わざ》は、素人目には奇跡でしかない。（58―59頁）

　このような記述は、たとえば柴田書店の専門書における技術解説とは少しちがう。おそらくあえて距離が取られているのだろう。想像力に足かせを付けずにおくために。「冷蔵庫、いつもは真っ暗なんだと思うと寂しい　寒いし」（36頁）。とあるかき氷について。「仔馬のたてがみ　気持ち良さそう　撫でたら　溶けた」（61頁）。「小さい頃、人の家の麦茶が不気味だった。（…）他人の、極めて個人的な部分が、なみなみと自分の喉を通って入りこんでくるのが」（74頁）。とても美味しそうに見えるけれど個人的にはレーズンが嫌いだから食べられないというレーズンサンドについて。「きらいな味があれば想像力に終わりが来ないので楽しいです」（151頁）。
　食材という物質との交歓だけではなく、自分とは習慣の異なる他者が棲むこの社会の広がりに触れることが、食をめぐる想像力の行使によって可能になっている。面白いだけでなく、ひりひりする想い、届かなくて悲しい想いも運ばれてくる。「そこにある悲しみは、この店で何かしらの時を重ねた、限られた人だけのものだ」(170頁)。

食に対する並外れた真摯さは、著者をしばしば孤独に陥らせもするだろう。「女子会などで散見される、味の擦り合わせ。これが辛い」(37頁)。ひと皿へあまりに深く没入し、想像力の触手を伸ばしてやまないその姿勢は、はたから見れば少し変であるにちがいない。電車で「幸薄女」と呼ばれてしまったつらさは、「大福」を食べることであっさり回復するけれど(128―130頁)、それだけではすまないのでないか、と気になる。

だがおそらく、自虐まじりで語られもする著者の孤独こそが、本書の魅力のコアにはある。美しいものにひたすら没頭するあまり独りぼっちになってしまった誰か。自分自身、孤独を恐れなかった著者が、あらゆる場所にいるはずのそんな誰かに、それでもいいんだよ、と語りかけて励ますメッセージの、優しく親密な調子が本書を格別に美しいものにしている。

(映画批評家・青山学院大学文学部教授)

デザイン　大島依提亜
写真　奥山由之（P.51-52）、前田エマ（P.81-83）、HIROMIX（P.160-164）
イラストレーション　ぬQ（P.58-59）、シシヤマザキ（P.86-87）

単行本　2014年4月　平凡社刊

文春文庫

生《う》まれた時《とき》からアルデンテ

定価はカバーに
表示してあります

2022年5月10日　第1刷

著　者　平《ひら》野《の》紗《さ》季《き》子《こ》
発行者　花田朋子
発行所　株式会社 文藝春秋

東京都千代田区紀尾井町 3-23　〒102-8008
TEL 03・3265・1211㈹
文藝春秋ホームページ　http://www.bunshun.co.jp
落丁、乱丁本は、お手数ですが小社製作部宛お送り下さい。送料小社負担でお取替致します。

印刷製本・凸版印刷

Printed in Japan
ISBN978-4-16-791882-8